KB202187

백서

백서

발행일 2025년 5월 23일

지은이 : 황사영
펴낸이 : 손영란
옮긴이 : 박종천
편집 : 김재현 손영란 류명균
디자인 : 박송화

펴낸곳 : 키아츠
등록번호 : 제300-2004-211호
주소 : 강원 화천군 간동면 용호길 33-13
전화 : 02-766-2019
팩스 : 070-7966-0108
홈페이지 : https://smartstore.naver.com/kiats
이메일 : kiatspress@naver.com
블로그 : blog.naver.com/kiatspress

ISBN : 979-11-6037-236-6

이 책은 『백서』의 역주본으로 한문으로 된 원문을 현대 한국어로 번역하고 주석을 달았습니다. 원문과 관련된 여러 사본이나 자료를 비교하여 오류를 수정하고 원문에 가장 가깝게 정확한 텍스트를 확정하는 작업을 거쳤으며, 문장에 구두점을 추가하거나 문장의 구조를 명확히 하기 위해 표시를 넣는 표점(標點)을 가했습니다.

백서

황사영 지음

박종천 표점·교감·한글번역

키아츠
KIATS

편집자 서문

2004년, 키아츠는 한국기독교의 신앙 유산을 학문적으로 정리하고 이를 국내외에 소개하고자 하는 사명을 가지고 설립되었다. 설립 초기부터 한국기독교 역사에서 중요한 문헌들을 현대 한국어로 편집하고 영어로 번역하여 출간하는 일에 전념해 왔다. 개신교 신학연구기관으로서의 정체성을 유지하면서도 한국 가톨릭과 개신교의 신앙 및 학문 유산을 통합적으로 조망하고자 하는 노력을 지속해 왔다.

이러한 노력의 하나로 숭실대학교와 협력하여 『이벽 선생몽회록』, 『류한당언행실록』, 『사후묵상』 등 18~19세기 한국 가톨릭교회의 주요 문헌을 현대 한국어 편집본과 영어 번역본으로 원문과 함께 수록하여 2007년에 출간했다.

또한 한국문학번역원의 번역 지원 프로그램을 통해 안정복의 『천학문답』, 정약종의 『주교요지』, 황사영의 『백서』등 세 편의 영어 번역본을 완성할 수 있었다. 이 번역 작업은 우수한 평가를 받아 기존의 연구비 외에 500만 원의 추가 상금을 받기도 했다. 이 세 작품의 영어 번역본들을 국제 출판기관을 통해 출간하고자 시도했으나, 여러 사정으로 여의치 않아 결국 키아츠의 출판 체계에 맞추어 자체적으로 간행하게 되었다. 그중 『주교요지』는 2012년에 한글 편집본, 영어 번역본, 원문을 함께 수록하여 출간했으며, 2024년에는 그 중 한글 편집본 만을 개정해 다시 내놓았다.

이번에 오랜 기간 준비 끝에 황사영의 『백서』를 원문과 함께 한글 번역본으로 간행하게 되었다. 이 책은 한국 가톨릭교회 초기 역사, 특히 순교의 사건들을 담고 있는 귀중한 사료로서 학문적·신앙적 측면에서 매우 높은 가치를 지닌다. 물론 황사영이 당대의 참혹한 현실을 외세의 도움을 통해 극복하고자 했던 시도는 오랫동안 논란의 대상이었다. 그럼에도 불구하고 『백서』는 19세기 한국 가톨릭교회의 신앙적 열정과 정치·사회적 상황을 함께 조망할 수 있는 중요한 문서로서, 한국 가톨릭교회를 보다 객관적이고 통합적으로 이해하는 데 기여할 것이다. 이러한 역사적·신학적 함의에 대한 상세한 논의는 이 책의 '역자 서문'에서 별도로 다루었다.

이 번역과 편집 작업에 오랜 시간 헌신해 주신 박종천 교수님께 깊은 감사를 드린다. 또한 편집 과정에서 함께 고민하고 협력해 주신 손영란 대표와 류명균 팀장, 책의 시각적 완성도를 높여 주신 박송화 디자이너께도 감사의 마음을 전한다. 이 책을 통해 그리스도인들이 신앙 선배들의 삶과 증언을 다시 기억하고 신앙의 깊이를 더하는 계기가 되기를 소망한다.

2025년 5월

김재현

역자 서문

1. 황사영의 생애와 신앙활동

황사영의 성장과 입교과정

황사영은 평신도 지도자이자 순교자로서, 한국 천주교회의 창설과 발전에 지대한 영향을 남긴 인물이다. 자字는 덕소德紹, 세례명은 알렉시오Alexius이며, 황시복黃時福으로도 불렸다. 1775년 남인 명문가인 창원 황씨 집안에서 아버지 황석범黃錫範(1746~1775)과 어머니 이윤혜李允惠의 유복자로 서울의 서부 아현방阿峴坊에서 태어났다.[1]

어려서부터 주자학을 공부하여, 정조 14년인 1790년 9월 사마시에 합격해 진사가 되었다. 당시 정조의 격

---

1. 기존에는 황사영의 생가를 '강화도 대묘동'으로 보는 한종오 씨와 황용호 교수의 설이 우세했으나, 최근에는 '서울 아현방'으로 보는 하성래 교수의 설이 좀더 설득력 있는 설로 주목받고 있다. 전자는 『강도지江島誌』와 『창원황씨 대동족보昌原 黃氏大同族譜』 및 황우세(황사영의 방계손傍系孫)씨가 제보한 구전 전승에 근거한 것인 반면, 후자는 이기경이 쓴 『벽위편闢衛編』에 따르고 있다.

려와 기대를 받으며 출세길이 보장되어 있었으나, 1791
년 과거 합격 후 정약용丁若鏞(1762~1836)의 맏형 정약현丁若鉉
(1758~1816)의 딸 정난주丁蘭珠(1773~1838, 본명 정명련丁命連)와 결혼
하면서 처삼촌 정약종丁若鍾(1760~1801)을 통해 천주학을 접
하게 되었다. 이승훈李承薰(1756~1801)에게 천주교 서적을 얻
어 보기도 했고 천주교에 입교해 주문모周文謨(1752~1801) 신
부에게 알렉시오라는 세례명으로 영세를 받았다. 1791년
신해박해가 발생하자 친척들과 친구들이 천주교를 배척
했으나, 황사영은 천주교를 "세상을 구제할 좋은 약"으로
인식했다. 1795년 최인길의 집에서 주문모 신부를 만난
뒤로는 출세를 포기한 채 전교사업에 전념했다.

1796년에는 이승훈, 홍낙민洪樂敏(1740~1801), 유관검, 권
일신, 최창현 등 당시 교회 지도자들과 모여 주문모 신부
와 협의 아래 바닷길을 통해 서양 선교사를 파견해 주도록
요청하는 서한을 북경 주교에게 발송하기도 했다. 1798
년부터는 경기도 고양을 떠나 서울로 이주하여 애오개, 북
촌 등지에서 지내면서 여러 교우들에게 교리를 가르치고
교리서를 그대로 옮겨 적어 나눠주는 등 지속적으로 전교
활동에 매진했다. 1800년 4월, 주문모 신부와 만난 뒤에 남
송로, 최태산, 손인원, 조신행, 이재신 등 5인과 함께 명도

회의 하부 조직인 육회 중 하나를 조직하고 이끌었다.[2]

신유박해와 『백서』 사건, 그리고 순교

순조 원년인 1801년 신유박해가 일어나자, 정약종을 비롯한 교회 지도자들이 체포되었다. 그해 1월초 황사영은 권철신의 집에서 그의 부인에게 교리강습을 하는 등 전교 활동을 지속했다. 하지만 1월 29일 체포령이 내리자, 2월에는 이인채, 변득중, 홍필주, 용호영, 안군사, 권상술, 송재기의 집 등을 전전하다가 김한빈과 의논 끝에 충청북도 제천 배론에 있는 김귀동의 집으로 피신했다. 당시 배론은 토기를 만드는 천주교인들의 마을이었다. 이 곳에서 황심黃沁(1756~1801)과 함께 위기에 빠진 조선 천주교회를 구할 방책을 상의하다가, 음력 1801년 9월 22일자로 『백서』를 작성했다.

---

2. 명도회明道會는 한국 천주교회 초기에 중국인 주문모 신부에 의해 설립된 평신도 교리연구 및 전교단체로, 초대회장은 정약종이다. 육회六會는 명도회의 하부 조직으로, 당시 홍필주, 홍익만, 김여행, 현계흠, 황사영의 집 등 다섯 곳에서 열렸다고 한다. 황사영에 따르면, 그가 맡았던 모임은 자신을 필두로 남송로, 최태산, 손인원, 조신행, 이재신 등 6명의 회원으로 구성되었으며, 그 중 조신행과 이재신은 양반, 손인원은 중인이었다.

『백서』

황사영은 황심, 김한빈, 송재기로부터 주문모 신부와 신자들의 순교와 박해의 진행 경과를 듣고, 배론의 토굴에서 8개월간 숨어지내면서 북경 주교에게 보낼 『백서』를 작성하기 시작했다. 그러나 5월 20일 황사영을 체포하라는 대왕대비의 지시가 내렸다. 음력 9월 15일 황심이 체포되었는데, 그가 심문 중 황사영의 거처를 토설하여, 9월 29일에는 황사영도 체포되었다. 『백서』의 전달자로 예정되었던 옥천희玉千禧(?~1801)도 9월 20일에 체포되어 10월 3일에 의금부로 이송되어 수감되었다.

10월 7일 대왕대비의 추국 명령이 내려진 뒤, 10월 9일 1차 심문, 10일 2차 심문, 11일 3차 심문(황심, 옥천희, 김한빈과 면질), 12일 4차 심문(옥천희와 면질), 13일 5차 심문, 15일 6차 심문(현계흠과 면질)이 이루어졌다. 『백서』 사건에 연루되어 정약전丁若銓(1758~1816), 정약용, 이치훈, 이학규, 신여권 등이 체포되었고, 이학규와 신여권 등은 11월 2일에 심문을 받은 후 황사영과 대질되었다. 의금부에서 음력 1801년 10월 9일부터 15일까지 진행된 황사영에 대한 6차례 심문 과정에서 『백서』의 반역적 요소가 크게 부각되었다. 그에 따라 황심과 김한빈은 각각 모역동참죄謀逆同參罪와 지정은장죄知情隱藏罪로 판결받고 음력 10월 23일 서소문 밖에서 처형되었다. 황사영은 궁흉극악 대역부도죄窮凶極惡大逆不道罪로 옥천희와 함께 음력 11월 5일에 서소문 밖에서 처형되었다. 현재 황사영의 묘소는 경기도 양주군 장흥면 부곡리에 있다.

황사영은 『백서』에서 당시 천주교 박해의 실상을 상세하게 서술하고 천주교회 재건책을 호소하는 편지를 써서 황심과 옥천희를 통해 북경의 주교에게 전달하려 했다. 그러나 도중에 적발되는 바람에 천주교는 역적의 무리로 규정되었고, 주문모 신부의 처형 이후 잠시 소강상태에 있던 박해의 불길이 다시금 거세게 되살아났다. 당시 조선 정부에서는 청나라 사람인 주문모 신부를 처형한 문제와 『백서』사건이 초래할지도 모르는 정치외교적 파장을 고려해서, 조선 정부의 입장에 유리하게 사건 전말에 대한 경위를 편집하여 새로 『백서』(일명 가백서假帛書)를 만들었다. 이것을 가지고 청나라에 진주사 조윤대 일행을 파견해 청나라의 양해를 구하고 외교적 문제를 마무리했다.

황사영 순교 이후, 가족들의 고난

황사영의 부인 정난주는 1773년 경기도 마재에서 남인 명문가 출신 정약현의 딸로 태어났다. 당대 최고의 실학자 형제였던 정약전과 정약용, 한국 천주교회 초기 평신도 지도자로서 명도회를 이끌었던 정약종 등이 그녀의 숙부들이었으며, 어머니는 한국 천주교 신앙의 성조聖祖로 칭송되는 이벽李檗(1754~1785)의 누이였다. 어린 시절부터 신앙생활을 하던 정난주는 황사영과 혼인하여, 1800년에 아들 황경한黃景漢(1800~?)을 출산했다.

신유박해 때 황사영이 『백서』사건으로 체포되어 서소문 밖에서 능지처참 당해 순교한 뒤, 어머니 이윤혜는 경상도 거제부로 유배되었다. 부인 정난주는 전라도 제주목 대정현의 관비로 유배되었는데, 1801년 11월 귀양길에 갓난아기인 아들을 추자도에 두고 생이별했다. 제주도에 유배된 정난주는 평생 신앙으로 역경을 견디면서 훌륭한 인품과 학식으로 주민들을 감화시켜 '서울 할머니'라는 별명으로 불리며 칭송받았다. 나중에는 정난주의 사람됨을 알아본 대정 고을 유지 김석구의 집에서 침모로 일하면서 37년간 묵묵히 신앙생활을 하다가 음력 1838년 2월 1일 66세의 나이로 선종했다. 선종 후에는 김석구의 아들 김상집의 배려로 김씨 선산에 묻혔다. 정난주는 비록 순교하지는 않았지만 오늘날 '백색 순교자'로 불리면서 신앙의 귀감이 되고 있다.

1801년 2살이었던 황경한은 나이가 어려 죽음을 면하고 추자도에 격리된 후 어부 오씨의 집안에서 자랐다. 그

후손이 지금까지 추자도에 살고 있다. 이렇듯 천주교 신앙 때문에 박해를 당해 순교한 황사영의 가족들은 모두 양반에서 노비로 신분이 전락하여 고난을 감내해야 했다.

1909년 제주 본당의 2대 주임 라크루Lacrouts 신부가 추자도에서 황경한의 손자를 만나 위와 같은 경위를 파악한 뒤 이 집안의 비참한 실상을 프랑스 파리의 샤르즈뵈프Chargeboef 신부에게 알렸다. 이후 프랑스에서 전달된 후원금으로 황경한의 손자에게 집과 농토를 사줄 수 있었다. 현재 정난주의 묘역과 황경한의 무덤은 제주교구에서 특별한 관심을 가지고 신앙 선조를 기념하는 공간으로 조성하고 있다.

2. 『백서』의 내용과 의의

신분질서가 강고했던 조선 후기의 시대적 상황 속에서 황사영은 천주교 신앙을 통해 모든 인간은 평등하며 하느님 안에서 한 형제라는 사상을 받아들이고 실천했다. 당시 명문 양반가 출신 황사영과 신앙의 교제를 나누었던 천민 황일광黃日光(1757~1802)이 신유박해를 당해 "내게는 천국이 두

개가 있다. 하나는 만민이 평등하다는 천주교회이고, 다른 하나는 내세의 천국이다."라고 고백한 것은 양반과 상민의 신분적 차별을 타파하는 천주교의 만민평등의식을 보여준다.

황사영은 가혹한 박해 속에서도 교회 재건을 향한 강한 소명의식을 천명했다. "죽은 이는 이미 목숨을 버려서 주님을 증거했으니, 나처럼 살아있는 사람은 목숨을 바쳐 진리를 지켜야 한다." 이런 소명의식에 따라 신앙의 자유를 획득하고 조선 천주교회를 재건하기 위해 배론의 한 토굴에서 『백서』를 작성했던 것이다.

『백서』는 서론, 본론, 결론으로 구성되어 있다. 서론(1~5문단)은 인사말과 더불어 1785년 이후 교회의 실정과 박해에 대한 간단한 설명을 담고 있다. 본론(6~89문단)은 황사영이 직접 보고 들은 신유박해 관련 사건들을 자세하게 설명했다. 먼저 신유박해의 발단과 전개 과정을 상세하게 서술했고(6~23문단), 주문모 신부와 총회장 최창현을 비롯한 순교자 열전을 기록했다(24~89문단). 결론(90~122문단)에서는 조선 천주교회의 박해 상황을 종식시키고 교회 재건과 신앙의 자유를 얻기 위한 다섯 가지 방안을 제시했다.

본론에서 상세하게 기록한 순교자 열전은 최필공, 이중배, 김건순, 권철신, 이안정, 이가환, 강완숙, 최필제, 오

석충, 정약종, 임대인, 최창현, 홍교만, 홍낙민, 이승훈, 김백순, 이희영, 홍필주, 조용삼, 이존창, 유항검, 윤지헌 등의 개종과정과 신앙활동 및 순교상황에 대해 증언하고 있다. 이는 조선 천주교회의 초기 모습을 이해하는 데 결정적 단서를 제공한다.

결론에서 제시한 교회의 포교와 신앙의 자유를 위한 건의안은 1) 서양 제국의 재정 원조 요청, 2) 북경 교회와 긴밀한 연락 유지와 책문[3]을 통한 서양인 신부 파견, 3) 조선에 천주교 신앙을 허용하도록 청나라 황제의 압력 행사 유도, 4) 청나라가 조선을 부속시키고 정치적 간섭을 할 것, 5) 서양 함대와 군사의 파견을 통한 포교의 자유 확보 등의 내용을 담고 있다.

황사영은 박해 상황을 종식시키고 신앙의 자유와 교회의 재건을 실현시키기 위해 청나라를 통한 정치외교적 압력과 서양 함대 파견을 통한 군사적 압박이라는 국제적 카드를 대안으로 제시했다. 그는 청나라 황제의 명으로 조선이 서양인 선교사를 수용하도록 강요하고 조선을 청에 편입시킴으로써 북경처럼 조선에서도 신앙의 자유를 보장

---

3. 책문柵門은 조선 후기에 청나라와 입국, 통관, 교역을 하던 국경 지역의 관문을 뜻한다. 목책을 둘러쳐서 국경의 경계를 삼았다고 해서 책문이라 부른다. 조선의 천주교 신자들이 이곳에서 북경 교회와 비밀리에 연락을 취했다.

받고자 했으나, 이는 병자호란 이후 조선이 겪었던 정신적 충격과 청나라에 대한 정서적 거부감을 거스르는 것이었다. 더구나 수백 척의 서양 함대와 5~6만명의 병사들을 동원하는 무력시위책은 당시 고조되던 서양의 해양세력에 대한 경계심을 자극했을 뿐만 아니라 천주교를 국가전복세력으로 오인하는 결과를 낳았다.

황사영은 『백서』를 통해 천주교 신앙으로 인해 유교윤리에서 벗어나는 것은 물론, 임금보다 천주를, 국가보다 종교를 앞세우며 천주교를 탄압하는 조선 정부를 비판하는 '울트라몬타니즘'[4]적 신앙을 보여주었다. 국가와 종교의 관계를 배타적 관계로 설정하는 황사영의 태도는 정하상이 『상재상서』[5]에서 임금과 천주, 국가와 종교를 유비적 관계로 설정하는 것과는 사뭇 다른 대립적 양상을 드러낸

---

4. 울트라몬타니즘Ultramontanism은 로마 가톨릭 교회의 역사와 신학에서 중요한 개념 중 하나로, 교황이 가톨릭 교회의 최고 권위자이며 그의 권위는 모든 지역 교회와 주교 위에 있음을 주장한다. 여기서 더 나아가 교회가 세속 국가에 대해 독립성과 초월적 권위를 가진다고 강조한 것이다.

5. 정하상丁夏祥의 『상재상서上宰相書』는 조선 후기 천주교 박해 시기에 작성된 중요한 호교護教 문서로, 1839년 기해박해 당시 정하상이 체포되기 전에 작성하여 재상 이지연에게 제출한 글이다. 정하상은 천주교가 무부무군無父無君, 즉 부모도 임금도 무시하는 사교邪教가 아니라, 아비와 임금을 깍듯이 받들뿐만 아니라 오히려 충과 효, 우애, 용서, 인애, 의지, 예의, 지혜 등을 실천하는 참된 종교임을 강조했다. 다만 가정의 아버지보다는 나라의 임금이 우선인 것처럼, 마찬가지로 나라의 임금보다는 천주를 섬기는 것이 마땅하다는 점을 강조했다.

것이다.

『백서』는 외세를 끌어들여 나라를 정치군사적 위협에 빠지게 만들려는 계획이라는 점에서, 일반적으로 민족사적 관점에서 비판받아 왔다. 황사영이 지닌 순교자로서의 소명의식에도 불구하고, 외세의 정치군사적 간섭을 청원하고 서양 함대 파견을 요청함으로써 천주교에 대한 왜곡된 인식과 박해의 정치적 정당성이 명분을 얻었다는 점 때문에, 다블뤼M. Daveluy 주교는 황사영을 시복 추천 대상자에서 제외하기도 했다.

그러나 최근에는 천주교에서 비롯된 만민평등주의와 근대적 인권운동의 측면에서 재평가되기도 한다. 『백서』에 대한 해석에서 민족이냐 종교냐, 국가의 주권이냐 개인의 인권이냐 등의 이슈를 두고 민족국가의 정치적 독립성을 지키려는 민족주의적 비판과 평등한 인권과 종교의 자유 측면을 강조하는 보편주의적 평가가 극명하게 엇갈리는데, 이는 『백서』가 조선 후기시대에 대한 역사적 해석과 한국 기독교역사에서 차지하는 중요성을 잘 보여준다.

3. 『백서』의 원본原本과 이본異本들[6]

『백서』는 원본과 이본의 두 종류로 나뉜다. 『백서』 원본은
가로 62cm, 세로 38cm의 흰 명주 비단 위에 작은 붓글
씨로 기록된 총 122행 13,384자에 이르는 장문의 서간문
이다. 실물은 신유박해 이후 약 100년 동안 포도청과 의
금부 등에서 보관되다가 1894년 갑오경장 때 발견되었
고, 현재는 로마 교황청 고문서관에 소장되어 있다. 1925
년 뮈텔G. Mutel 주교가 『백서』 전문을 불어로 번역하여 교
황청에 보내면서 콜로타이프 판에 붙여서 실물 크기와 동
일하게 동판으로 제작했는데, 그 동판이 현재 절두산 순교
자기념관에 전시되어 있다. 원본은 박해 당시 황사영과 천
주교회의 절박한 사정과 입장을 생생하게 전한다는 점에
서 가장 높은 사료적 가치를 지니고 있다.

　『백서』의 이본들은 작성 주체의 정치사회적 성격과 사

---

6. 이하 원본과 이본에 대한 설명은 여진천의 연구에 따른다. 『백서』의 다양한 사본
과 이본들은 실물을 영인影印한 여진천 편, 『黃嗣永 帛書와 異本』(서울: 국학자료
원, 2003)에 집성되어 있다. 각 사본과 이본이 지닌 성격과 내용에 대해서는 『황
사영 백서 연구 -원본과 이본의 비교 검토』(서울: 한국교회사연구소, 2009)를 참
조했다. 이 책은 앞서 발표된 여진천의 논문들, 「황사영 백서와 그 이본의 연구」
(가톨릭대학교 석사학위논문, 1999), 「黃嗣永 帛書의 原本과 異本에 관한 연구」(서
강대학교 박사학위논문, 2006), 「황사영 백서의 이본 연구」, 『민족사와 교회사』
(한국교회사연구소, 2002), 「황사영 백서 이본에 대한 비교 연구」, 『한국교회사연
구』 28(한국교회사연구소, 2007) 등을 종합한 것이다.

상적 관점에 따라 다양한 차이를 보인다. 조선 후기에 직접적으로 영향을 준 것은 『백서』의 원본이 아니라 이본들이라는 점에서 이본들에 대한 이해는 매우 중요하다.

첫째, 정부측 공식 관점을 보여주는 이본 2종이 있다. 이 중 첫째 이본은 1801년 10월 9일 의금부가 『사학죄인사영등추안邪學罪人嗣永等推案』을 작성하면서 기록되었다. 두번째 이본은 1801년 10월 20일 진주사 조윤대가 작성해서 청나라에 지니고 간 『신유동진주사등본백서辛酉冬陳奏使謄本帛書』로 의금부 기록의 축약본이다.[7] 첫번째 것은 본래 1801년 10월 9일부터 15일까지 6차례 심문 과정 중에 9일의 1차 추국 기록 다음에 『백서』원문을 10행 24자의 형식으로 기록한 것이다. 1849년 철종이 즉위하면서 조부 은언군恩彦君(1754~1801)[8]의 죽음과 관련된 기록을 정리하라는 명을 내려 해당 부분이 삭제되었다는 특징이 있다. 두번째 이본은 중국인 신부 주문모를 참수함에 따라 발생할 우려가 있는 외교적 마찰을 피하기 위해 『백서』를 16행 923자

---

7. 뮈텔 주교가 1894년경 이건영(요셉)으로부터 『신유동진주사등본백서』를 건네받았으나 그 원본은 행방을 알 수 없고, 현재 사진본과 뮈텔 주교의 지시에 따라 작성된 정남규(요한)의 필사본(1924)이 절두산 순교박물관에 보관 중이다.

8. 은언군은 정조의 이복 동생으로, 천주교 신앙과 관련하여 박해를 받은 인물이다. 신유박해 당시 천주교와 관련되었다는 이유로 유배지에서 사사賜死(독살)되었으며, 그의 가족도 연좌제로 박해를 받았다.

로 축약해서 편집한 것으로서, '위백서僞帛書' 혹은 '가백서假帛書'로 불린다. 『백서』 원본에 있던 순교자 열전을 모두 생략하고, 교회 재건과 신앙 자유를 위해 함대와 서양의 자금 지원을 요청하고 청나라 국경에 점포 설치를 건의한 방안만을 기록하고, 교황을 통해 청나라 황제에게 외교적 압력을 가하고 조선을 청의 부마국으로 만들 것을 제안한 내용은 삭제하는 등 정부측에 유리하게 편집했다.

둘째, 신유박해 당시 여당이었던 노론과 야당이었던 남인 중 공서파功西派의 정치적 입장이 반영된 이본들이 있다. 원본의 40행에서 53행 일부까지 해당 부분을 생략하고 있으며, 원본과는 달리 당시 통용되는 단어를 사용하거나 원본의 사실을 바로잡고 부연하여 설명하는 등의 특징이 있다. 노론의 입장이 반영된 『동린록東麟錄』의 「사적사영백서邪敵嗣永帛書」는 철종의 조부인 은언군과 그 가족들이 천주교 신앙 때문에 사약을 받고 죽었다는 사실을 적시하고 그들이 죄인인 사도세자의 후손임을 강조한다. 세례명이나 교회 용어 등 생소한 천주교 관련 사항을 설명하는 세주細註를 추가한 점이 특징이다. 남인측의 이본들로는 절두산 순교박물관에서 소장하고 있는 『사영백서嗣永帛書』 2종과 『벽위편闢衛編』에 실린 이본이 있다. 『벽위편』 이본은 이기경李基慶(1756~1819)이 남인 공서파의 관점에서 일부 개작

한 것으로, 남인 공서파의 정치적 위상을 보호하기 위해 은언군 관계 내용을 생략하고 중국과 관련된 부분을 외교적 격식에 맞게 고쳤으며, 정조와 관련된 천주교인들의 죽음과 정조의 비호를 받던 남인들에 대한 사항을 의도적으로 삭제했다. 『사영백서』는 『벽위편』과 서문이 다르고 세주 내용을 축약하거나 부연설명하는 부분에서 차이를 보인다. 은언군에 대한 기록이 남아 있고 정치적으로 민감한 부분들이 실려 있는 것으로 보아 시대적으로 앞서 작성된 것으로 판단된다.

셋째, 천주교회 측에서 작성한 이본들이 있다. 뮈텔주교가 1925년에 홍콩에서 간행한 *LETTRE d'Alexandre Hoang à Mgr DE GOUVEA, Eveque de Pékin*(1801)에는 『백서』 원본보다 짧은 사본의 원문이 부록으로 실려 있는데, 여기에는 주문모 신부의 형 집행 등 중국과 관련된 어려운 문제가 빠져 있다. 한편, 1894년 의금부의 고문서들이 파기되던 때 유출된 『백서』 사본이 이건영(요셉)을 거쳐 뮈텔 주교에게 전해졌고, 뮈텔 주교는 정남규(요한)에게 사본의 필사본을 만들도록 했다. 샤를르 달레의 『한국천주교회사』에 번역되어 실린 『백서』는 『벽위편』 원문 중 박해 과정과 순교자 열전 및 조선을 청나라에 복속시키고 부마국으로 만드는 제안 등을 생략했다.

본 역주본에서는 정본定本 텍스트를 만들기 위해 『백서』 원문을 저본으로 삼아 교감[9]하고 표점[10]을 가하는 한편, 독자의 이해를 돕기 위해서 한문으로 된 『백서』 원문을 현대 한국어로 번역하고 주석을 달았다.

2025년 5월
박종천

---

9. 교감校勘은 문헌학에서 사용하는 용어로, 원문(저본)과 관련된 여러 사본이나 자료를 비교하여 오류를 수정하고 원문에 가장 가깝게 정확한 텍스트를 확정하는 작업을 의미한다.

10. 표점標點은 문장에 구두점을 추가하거나 문장의 구조를 명확히 하기 위해 표시를 넣는 작업을 의미한다. 주로 고전 한문이나 구두점이 없는 문헌을 현대 독자가 읽기 쉽도록 정리할 때 사용된다.

차례

일러두기

1. 『백서』 원문의 문장과 원문에 찍혀있는 구두점(.)을 존중하되, 한문漢文의 현대식 표기 방식인 표점標點을 가하고 문맥과 전거에 따라 교감하여 정본定本을 만들었다.

2. 표점방식에 따라 인명과 지명 등을 비롯한 고유명사에는 밑줄을 그어 표시했다. 예: 도마(多黙).

3. 【 】: 백서 원문에 있는 작은 글자의 원주原註를 꺾은 괄호로 표시했다.

4. 」: 백서 원문에 있는 문단 구분 표시인 '∟'를 가로쓰기 형태에 맞게 바꾸어 표시했다.

5. 행과 문단 구분은 여진천이 엮은 여진천 편, 『黃嗣永 帛書와 異本』(서울: 국학자료원, 2003)에 실린 백서 원문의 행 구분 표시를 존중하되, 내용을 고려하여 적절한 양으로 문단을 다시 나누고 내용별로 문단 번호를 붙였다.

6. 본문에 나오는 모든 연월일시는 음력陰曆 기준이며, 필요한 경우에 양력陽曆을 병기할 수 있다. 독자의 이해를 돕기 위해 처음에는 간지干支와 서기西紀 등을 함께 표기하지만, 이후에는 서기만 표시한다. 예: 을묘년乙卯年(1795, 정조19년).

7. 해설이 필요한 경우에는 주석을 달아 이해를 도왔다. 주석에는 윤재영이 번역한 『황사영백서 외』(정음사, 1981)와 『한국 가톨릭 대사전』(한국교회사연구소, 1985) 등을 주로 활용했으며, 『조선왕조실록』 등을 비롯한 각종 원전들도 참고했다.

8. 이책이 쓰인 배경을 고려해 '하느님'이라는 표현을 개신교인들이 사용하는 '하나님'으로 바꾸지 않고 그대로 남겨두었다.

9. 소괄호 안의 글은 가독성을 높이기 위해 편집자가 추가한 내용이다.

서론

[1]

罪人多黙等涕泣呼籲于本主教大爺閤下. 客春行人利旋,
伏聞氣体候萬安, 日月馳駛, 歲色垂暮, 伏未審体內更若何.
伏惟賴主洪恩, 神形兼佑, 德化日隆, 望風馳慕, 不勝忭賀.

    죄인[11] 도마(황심) 등은 본주교[12] 대야[13] 합하[14]께 흐느껴
울면서 호소합니다. 지난 봄 심부름꾼이 잘 다녀와서, 합
하께서 편안하게 잘 계신다는 소식을 들었으나, 날이 가고
달이 가서 해가 다 저물어 가는데도 그동안 어떻게 지내셨
는지 살피지 못했습니다. 엎드려 생각하건대, 주님의 넓으
신 은총으로 주교님의 마음과 몸이 두루 도우심을 힘입으
시어 덕으로 교화하심이 날로 융성하시니, 그 풍모를 우러
러 간절히 사모하며 기꺼이 경하드려 마지않습니다.

---

11. 죄인 : 평신도가 성직자에게 자신을 낮추어 일컫는 표현.

12. 본주교本主教 : 조선을 담당하는 주교. 북경교구 천주당天主堂 주교主教.

13. 대야大爺 : 나이든 어르신의 높임말.

14. 합하閤下 : 조선시대 정1품의 최고위직 관리에 대한 경칭. 여기서는 교황 아래
    추기경이나 대주교 및 교구장 등에 견주어 쓴 표현이다.

[2]

罪人等罪惡深重, 上干主怒, 才智淺短, 下失人謨, 以致窘
難大起, 禍延神父, 而罪人等又不能臨危捨生, 偕師報主.
復何面目濡筆而仰訴乎? 第伏念聖教有顛覆之危, 生民罹
溺亡之苦, 而慈父已失, 攀號莫逮, 仁昆四散, 商辦無人. 惟
我大爺恩兼父母, 義重司牧, 必能憐我救我. 疾痛之極, 我
將呼誰?

　　죄인들은 죄와 악이 깊고 무거워서 위로는 주님의 노
여움을 샀고, 재주와 지혜가 얕고 짧아서 아래로는 사람의
모훈[15]을 잃어버렸습니다. 이 때문에 박해(1801년 신유박해)가
크게 일어나서 화가 주문모[16] 신부님께 미쳤는데도, 죄인
들은 위기를 맞아 목숨을 버려서 스승과 더불어 주님께 보
답하지도 못했습니다. 다시 무슨 낯으로 붓을 적셔서 우리

---

15. 모훈謨訓 : 뒷날 임금들이 본받을 만한 모범과 훈계가 될 만한 성인聖人들의 가
르침.

16. 주문모周文謨(1752~1801) : 중국인 신부로서 조선에 파견된 최초의 천주교 선
교사. 1794년 북경교구장 구베아 주교에 의해 조선 선교사로 파송되어, 12월 23
일 조선에 입국했다. 1795년 서울 최인길의 집에서 조선 최초의 성사聖事를 집
전했다. 선교활동이 조선 정부에 발각되어 체포령이 내려지자, 강완숙의 집에 피
신해서 명도회를 조직하여 평신도들의 교리연구와 선교활동을 권장하는 한편,
조선의 상황을 북경에 알리고 충청도와 전라도 등지를 순회하면서 선교활동을
했다. 1801년 신유박해 때 중국으로 돌아가던 중 마음을 바꾸어 국경에서 다시
서울로 돌아와 1801년 4월 24일 의금부에 자수했으며, 5월 31일 서울 새남터에
서 순교했다.

러 호소하겠습니까? 엎드려 생각하건대, 성교(천주교)가 전복될 위험이 있고 백성들은 박해에 걸려 죽는 고통에 빠져 있는데, 자애로운 아버지는 이미 잃어버려서 매달려 호소하려 해도 붙잡을 수 없고, 어진 형제들은 사방으로 흩어져서 상의하려고 해도 할 사람이 없습니다. 그러나 우리 주교님께서는 은혜로는 부모님과 같고 의리로는 사목[17]의 중책을 지셨으니, 틀림없이 우리를 불쌍히 여기시고 구원해 주실 수 있을 것입니다. 지극히 고통스런 상황 속에서 우리는 누구를 불러야 하겠습니까?

[3]

茲敢畧奏寉難顚末, 而醞釀已久, 端緖頗多, 一筆難述, 故具在左方. 伏望哀憐而照察焉. 方今教務, 板蕩無餘. 惟獨罪人倖免. 若望不露. 或者主恩未絶於東國歟? 嗚呼! 死者旣損生以証教, 生者當致死以衛道. 然才微力薄, 不知攸爲. 密與二三教友商量目下事宜, 披腹條奏. 伏望閱覽之餘, 哀此煢獨, 速施拯救. 罪人等如群羊之走散, 或奔竄山谷, 或棲遑道路, 莫不飮泣呑聲. 酸心通骨, 而晝宵盼望者, 惟上主全能 · 大爺洪慈. 伏望誠求主佑, 大施憐憫, 拯我等於水

17. 사목司牧 : 사제, 주교 등의 성직자가 교회와 신자들을 돌보고 가르치며 영적인 지도자로서 역할을 수행하는 것을 말한다.

火之中, 措我等於衽席之上.

이제 감히 박해의 전말을 아뢰고자 하오나, 일이 벌어진 지 이미 오래고 실마리가 하도 많아서 간단히 말씀드리기 어렵기 때문에, 아래에 자세하게 적습니다. 엎드려 바라건대, 부디 불쌍히 여기셔서 잘 살펴주시기 바랍니다. 현재 교회 사무는 엉망진창입니다. 죄인만(저만) 겨우 화를 면했고, 요한(옥천희)도 발각되지 않았습니다. 아마도 주님의 은총이 우리나라에서 아직 끊어지지 않은 것이겠지요?

아! 죽은 사람들이 이미 목숨을 바쳐서 성교를 증거했으니, 산 사람들은 죽음을 무릅쓰고라도 도道(진리)를 지키는 것이 마땅합니다. 그러나 재주가 보잘것없고 능력이 모자라서 어찌할지 모르겠습니다. 은밀하게 교우 두세 사람[18]과 당면문제를 해결할 마땅한 방안을 논의하여 가슴을 열고 조목조목 아룁니다. 부디 읽어보시고 나서 이렇게 외로운 우리들을 불쌍하게 여기셔서 빨리 구원을 베풀어 주시기 바랍니다.

죄인들은 마치 양떼가 달아나 흩어지듯이 더러는 산골짜기로 도망쳐 숨기도 했고 더러는 떠돌이로 길바닥에서 헤매다가 모두들 훌쩍훌쩍 눈물을 머금고 흐느끼기도 했

18. 교우 두세 사람 : 황사영, 황심, 옥천희 등을 가리킨다.

습니다. 쓰라린 마음이 뼈에 사무치지만, 밤낮으로 바라는 것은 천주님의 전능하심과 주교님의 넓은 사랑뿐입니다. 부디 주님의 도우심을 정성껏 간구해 주시고 연민을 크게 베푸시어, 환란 가운데서 우리들을 건져서 평안하게 만들어 주시기 바랍니다.

[4]

如今聖教已遍天下, 萬國之人無不歌詠聖德, 鼓舞神化, 而顧此左海蒼生, 孰非上主赤子? 地方避僻, 聞教最晚, 氣質孱弱, 耐苦狼難, 而十載風波, 長在淚泣憂愁之中. 今年殘害, 更出夢寐思想之外. 哀我人斯, 胡至此極耶? 此難之後, 倘無特恩, 耶蘇聖名將永絶於東土. 言念及此, 肝腸摧裂. 中西教友先生們聽此危苦之情, 寧無惻然傷心乎?

　　이제 성교가 천하에 이미 널리 퍼져서 모든 나라 사람들이 성덕聖德(천주님의 덕)을 노래하고 신성한 감화에 고무하지 않는 이가 없습니다. 이 동쪽 바다 너머 우리나라 백성들만 어찌 주님의 자녀가 아니겠습니까? 지방이 멀고 후미져서 가르침을 듣는 것이 가장 늦었고, 기질이 약해빠져서 괴로움을 견디기가 어려웠으며, 10년 동안 풍파에 시달리며 오랫동안 눈물과 시름 가운데 지냈는데, 올해 잔혹한 박해가 꿈에도 생각지 못한 가운데 다시 발생했습니다. 우리들의 애닯은 처지가[19] 어찌 이토록 극한 지경에 이르렀을까요? 이번 교난(1801년 신유교난) 뒤에 혹시라도 특별한 은총이 없다면 예수님의 거룩한 이름이 이 땅에서 영원히 끊어질 것입니다. 말과 생각이 여기에 미치니 간장이 찢어집니다. 중국과 서양의 교우들과 선배들께서 이러한 위기와 고난의 정황을 들으신다면 어찌 슬픔에 마음이 아프지 않겠습니까?

[5]

敢望敷奏教皇, 布告各邦, 可以救援吾儕者, 靡不用極, 体吾主博愛之恩, 顯聖教同仁之義, 以副此切望之誠. 罪人等捫心揮涕, 哭訴衷情, 引領翹足, 專候福音. 惟我大爺千萬可憐我. 書不盡意.

교황께 자세히 아뢰고 나라마다 널리 알려서, 우리들을 구원할 수 있다면 무엇이든 힘껏 다하시되, 우리 주님께서 베푸신 박애의 은총을 바탕으로 성교의 보편적 사랑의 의로움을 드러내시어 이렇듯 간절하게 바라는 정성을

---

19. 우리들의 … 처지가 : 『시경詩經』「정월正月」편에서 인용한 문구로서, 죄 없이 고난을 당하는 천주교 신자들의 막막한 처지를 비유했다.

도와주시길 바랍니다.

　죄인들은 가슴을 어루만지고 눈물을 흩뿌리면서 속사정을 하소연하며 목을 길게 빼고 발돋움한 채 오로지 복된 소식만을 기다립니다. 부디 우리 대야께서는 우리들을 천만 불쌍히 여겨주소서. 글로는 뜻을 다 전하지 못합니다.[20]

---

20. 글로는 … 못합니다 : "글로는 말을 다 전하지 못하고, 말로는 뜻을 다 전하지 못한다書不盡言, 言不盡意."는 문장을 축약한 것으로, 『주역周易』「계사전繫辭傳」에 나오는 공자孔子의 말을 인용한 것이다. 편지로 사정을 충분히 다 전하지 못할 때 종종 쓰는 표현이다.

신유박해의 발단과 전개과정

[6]

自乙卯失捕後, 先王疑懼日深, 潛譏密察未嘗少間, 而終不知神父蹤跡, 乃使趙和鎭者假托奉教, 探知湖中【忠淸道之別名】事情. 遂有己未冬淸州之窘, 湖中熱心教友死亡畧盡.」

　을묘년(1795, 정조19년) 체포에 실패한 뒤부터[21] 선왕(정조)의 의구심이 날로 깊어져서 은밀히 감시하고 비판하는 일을 잠시도 멈추지 않았지만, 끝내 신부님의 종적을 알아내지 못했습니다. 그리하여 조화진[22]이라는 자로 하여금 천주교를 신봉하는 체 호중【충청도의 별명】의 사정을 탐지하도록 했습니다. 마침내 기미년(1799, 정조23년) 겨울 청주의

---

21. 1795년 한영익의 고발로 주문모 신부의 체포에 나섰으나, 역관 최인길崔仁吉 (1764~1795, 세례명 마티아)이 중국말로 신부인 척 가장하여 대신 체포되는 바람에 실패한 사건을 말한다. 이로 인해 최인길, 윤유일, 지황이 함께 고문당하다가 1795년 6월 28일 순교한 사건이 을묘乙卯박해이다.

22. 조화진趙和鎭 : 정사박해의 밀고자. 정조의 밀명을 받고 천주교를 염탐하기 위해 필공 행상을 하면서 천주교인들과 접촉하면서 정탐하여 밀고했다. 1801년에 투옥되었다가 옥중에서 목을 매어 자결했다.

박해가 일어나 호중에서 뜨거운 신앙심을 지닌 교우들이
거의 다 죽어나갔습니다.」

[7]
崔多黙必恭者, 中路人也, 性直志毅, 仗義疎財, 熱心最盛,
有卓犖不羣之風. 辛亥之窘, 不幸被誘背教. 先王甚喜之,
爲之娶妻拜官, 多黙不得已順受. 近年家居, 深痛往失, 常
思損軀補贖. 己未八月, 先王忽然招致刑曹, 問: "你尚奉
邪學否?" 多黙適中所願, 自分必死, 遂直陳聖教忠孝之理
‧自己痛悔之情. 所言光明俊偉, 感動旁聽, 而刑官駭憤殊
甚, 據辭上聞, 先王不復加刑, 因循放釋. 臺臣抗疏請誅, 亦
糢糊賜批, 頗示包容之意, 事遂寢.」

　　최도마 필공崔必恭(최필공 1745~1801)은 중로인[23]으로, 성품
이 강직하고 의지가 굳세며, 의로움에 의지하고 재물을 멀
리하며, 뜨거운 신앙심이 대단했으며, 남다른 탁월한 풍모
가 있었는데, 신해박해[24] 때 불행히도 유혹에 빠져 배교했

23. 중로인中路人 : 조선시대 양반보다 낮고 일반 백성보다 높은 중인中人 계급을 가
　　리키는 말. 대개 역관譯官이나 의사 등 전문직종(雜職)에 종사했다.

24. 신해辛亥박해(1791, 정조15년) : 조선에서 일어난 최초의 천주교 박해사건으로
　　서, 진산사건珍山事件이라고도 불린다. 북경교구장 구베아 주교의 제사 금지령
　　에 따라 1791년 전라도 진산에서 윤지충尹持忠과 그의 외종사촌 권상연權尙然

습니다. 선왕께서 몹시 기뻐하여 그를 결혼시키고 벼슬을 주니, 도마는 어쩔 수 없이 순종하여 받아들였습니다. 최근 몇년간은 집에서 머물며 지난날의 잘못을 깊이 통감하며 늘 몸을 바쳐 보속[25]할 것을 생각했습니다.

기미년(1799) 8월에 선왕께서 갑자기 형조로 불러들여, "네가 아직도 사학(천주교)[26]을 신봉하고 있느냐?" 하고 물었습니다. 도마는 자기가 바라던 바대로 죽게 된 듯하여, 마침내 성교가 가르치는 충성과 효도의 이치를 밝히고 스스로 뼈아프게 뉘우치는 심정을 바른대로 진술했습니다. 말하는 것이 밝게 빛나고 뛰어나게 훌륭해서, 옆에서 듣는 이들을 감동시켰습니다. 그러나 형조 관리들은 몹시 놀라고 성이 나서 그가 말한 그대로 임금께 아뢰었는데, 선왕께서는 다시 형벌을 더하지 않으시고 머뭇거리다가 이전에 하던 대로 풀어주었습니다. 대신[27]이 항의하는 상소를

이 제사를 폐하고 신주神主를 불태워서 땅에 묻었다가 고발당해 순교했고, 많은 천주교 신자들이 체포되었으며, 이후 조선에서 서학서西學書가 소각되고 수입과 유통이 금지되었다.

25. 보속補贖 : 가톨릭에서 죄를 용서받은 후 죄로 인해 발생한 나쁜 영향을 보충하고 회복하기 위한 행위를 의미한다. 고해성사에서 신부가 죄를 용서한 후, 신자가 수행해야 할 속죄 행위를 지칭하기도 한다.

26. 사학邪學 : 정학正學인 유교에 견주어 천주교를 사악한 학문이라고 칭했다.

27. 대신臺臣 : 조선시대 사헌부司憲府의 관원으로서, 주로 관리들을 감찰했으나 왕에게 간쟁諫諍하는 언관言官의 역할도 담당했다.

올려서 사형하도록 청했으나, 선왕께서는 역시 모호한 비
답[28]을 내려서 자못 포용하는 뜻을 나타내셨고, 사건은 마
침내 덮어졌습니다.」[29]

[8]

<u>李瑪爾定</u>中培者, 少論一名也.【士夫妾子孫謂之一名.】
居京畿道<u>驪州</u>, 勇力絶倫, 志氣豪快. 素與<u>金健淳</u>爲生死之
交. 及<u>健淳</u>奉敎, <u>瑪爾定</u>亦信從領洗. 熱心如火, 明目張胆
而行, 不怕人知覺. 庚申復活占禮, 煮狗釃酒, 與同里敎友

---

28. 비답批答 : 왕이 신하들의 건의나 장계(奏摺, 보고서)에 대해 직접 의견을 써서
    답변하는 것을 '비답'이라고 했다.

29. 대신臺臣 … 덮어졌습니다 : 1799년 8월 5일에 형조판서 이득신의 항의에 대
    해 정조가 비답하는 내용이 나온다. 『正祖實錄』 52卷, 正祖 23年(1799) 8月 5日
    辛卯. 형조 판서 이득신李得臣이 아뢰기를, "최필공은 신의 조曹에서 엄중히 신
    문하고 여러 방법으로 일깨워보았는데 이단에 빠져든 정도가 갈수록 더 심해질
    뿐 조금도 깨우치는 뜻이 없었으므로 그의 부형을 불러 그들에게 일깨워 보게 했
    더니, 며칠 사이에는 성과를 기대하기 어렵지만 기한이 지난 뒤에 그들이 다시
    와서 일러주겠다고 했습니다. 이처럼 교화시키기 어려운 백성에 대해서는 그에
    맞는 법조문을 적용시켜야만 다스려지는 성과가 있을 것입니다." 하니, 상이 이
    르기를, "이 자는 족히 책망할 것도 없는 무리이다. 이전에는 입으로만 그렇게 하
    겠다 하고 마음은 깨우치지 못했으나 이번에는 반드시 마음을 바꾸게 하는 것이
    좋겠다. 이 자의 행위는 매우 가소롭다. 생활이 곤궁할 때는 잘못을 깨우쳤다고
    말하여 먹을 것을 얻을 길을 찾았다가 일단 먹을 것을 얻은 다음에는 금방 또 예
    전과 마찬가지이니, 이는 항심恒心이 없는 무리에 불과하다." 했다. 정조는 최필
    공이 이전의 버릇을 고치지 않았기 때문에 옥에 잡아 가둔 것이라는 식으로 애매
    모호하게 말해서 극형을 피할 수 있게 해준 것이다.

會坐路邊,【山僻小路】高聲念喜樂經, 擊匏樽按節. 歌竟,
飲酒嚼肉, 飲訖, 復歌, 如是終日.

　　이말딩 중배李中培(이중배 ?~1801)는 소론의 일명一名【사대부
첩의 자손을 일명이라고 합니다】으로서, 경기도 여주에
서 살았는데, 용맹과 역량이 남달리 뛰어나고 의지와 기개
가 호쾌했습니다. 평소 김건순金健淳(1776~1801)과 생사를 함
께 하는 친교를 맺었는데, 건순이 성교를 신봉하자 말딩도
믿고 따라 세례를 받았습니다. 뜨거운 신앙심이 불꽃같고,
밝은 눈으로 살피고 대담하게 행동하여,[30] 남들이 (그가 천주
교인임을) 알게 되는 것을 두려워하지 않았습니다.
　　경신년(1800, 정조24년) 부활절에는 개를 삶고 술을 걸러
한 마을 교우들과 함께 길가【두메산골 오솔길】에 모여 앉
아서 큰 소리로 희락경[31]을 외웠습니다. 바가지와 술통을

─────────

30. 밝은 … 행동하여 : 『송사宋史』「유안세전劉安世傳」에 나오는 구절. 중국의 송宋
　　나라 철종哲宗 때 인물인 유안세劉安世(1048~1125)는 깊은 학문과 강직한 인
　　품으로 간의대부諫議大夫가 되어 정확한 안목과 과감한 행동을 선보였는데, 「백
　　서」에서는 김건순을 유안세에게 견주어 명목장담明目張胆의 고사를 인용했다.
　　'胆'은 '膽'의 속자俗字다.

31. 희락경喜樂經 : '희락삼종경喜樂三鐘經'이라고 하며, 예수부활대축일로부터 성
　　령강림대축일까지 예수의 부활을 기뻐하는 의미로 바치는 '부활삼종기도'를 가
　　리킨다. "○하늘의 모후님, 기뻐하소서. 알렐루야. ●태중에 모시던 아드님께서,
　　알렐루야. ○말씀하신 대로 부활하셨나이다. 알렐루야. ●저희를 위하여 하느님
　　께 빌어주소서. 알렐루야. ○동정 마리아님, 기뻐하시며 즐거워하소서. 알렐루

두드려 장단을 맞추면서 노래가 끝나면 술을 마시고 고기를 씹어먹고, 마시고 나서는 다시 노래 불렀습니다. 하루 종일 이렇게 했습니다.

[9]

未幾爲仇家所告, 與同友十一人被捕到官. 友中亦有弱者, 皆賴瑪爾定鼓動勸勉之力, 屢經毒刑, 一幷堅固, 遂拘囚不放. 瑪爾定本來畧知醫術, 而不甚精工, 入獄後, 或有問疾者, 則先求主佑, 後施鍼藥, 莫不痊愈. 從此聲名大播, 遠近輻輳, 獄門如市. 本官不能禁, 自己有病, 還來問藥. 因此獄中日用不匱.

얼마 되지 않아 원수 집안의 고발로 교우 열 한 사람과 함께 체포되어 관청으로 끌려갔습니다. 교우 중에는 마음이 약한 사람도 있었으나, 모두 말딩의 격려와 권면에 힘입어 여러번 혹독한 형벌을 겪으면서도 한결같이 꿋꿋하게 버텼으나, 마침내 잡혀서 갇힌 채 석방되지 못했습니다. 말딩은 본래 의술을 조금 알고 있었지만 그다지 정밀하지는 못했으나, 감옥에 들어간 뒤 병에 대해 묻는 사람이 있을 경우에는 먼저 주님의 도우심을 구하고 나서 침을 놓고 약을 썼는데, 낫지 않는 사람이 없었습니다. 이로부터 명성이 크게 퍼져서 먼 곳이나 가까운 곳이나 사람들이 모여들어, 옥문 앞이 시장 같았습니다. 그 고을 관리는 막을 수도 없었고, 자기도 병이 들면 도리어 찾아와서 약을 물었습니다. 이 때문에 옥중에서도 일용품이 떨어지지 않았습니다.

[10]

金健淳嘗言: "人或問瑪爾定療病之能, 懼名稱之太藉, 答以爲十之八九. 然其實十之十・百之百, 無一不效." 獄吏求見醫方. 答曰: "我無方書, 只是恭敬天主. 汝欲學醫, 亦當信主." 吏曰: "書冊已盡燒燼, 從何而學?" 瑪爾定 笑曰: "吾胸中不燼之書, 猶足以誨人奉教."

김건순은 "누군가 말딩의 병 고치는 능력에 대해 물으면 칭찬이 너무 지나치다고 할까봐 두려워서 열에 여덟 아홉이라고 대답했지만, 실제로는 열이면 열, 백이면 백, 효험이 없는 경우가 한번도 없었다."라고 말한 적이 있습니다. 옥리가 말딩에게 의서를 좀 보여달라고 하자, 그는 "내게는 방서方書(의학서적)가 없습니다. 다만 천주를 공경할 뿐입니다. 당신도 의술을 배우려면 주님을 믿어야 합니다."라고 대답했습니다. 옥리가 말했습니다. "서책은 이미 다 불태워 버렸는데, 무엇으로 배운단 말이오?" 말딩이 웃으면서 말했습니다. "내 가슴 속의 불타지 않는 서책으로도 남들을 깨우쳐서 성교를 받들게 하기에 충분합니다."

[11]

同囚之元若望, 有一老婢, 常來顧視, 陳說家中情景, 反覆誘說, 若望不爲動. 有一次語甚酸切, 若望有戚戚之意, 瑪爾定睨視之. 老婢懼怕, 不敢畢其說而退, 後遂不往, 曰: "李生員眼光可畏, 不能復往矣." 獄中常鈔書念經, 講道勸人. 獄卒一人動心信從, 亦爲熱心之人.」

　　함께 갇혀 있는 원요한元景道(원경도 1774~1801)에겐 늙은 여종 하나가 있었는데, 늘 와서 돌보아주면서 집안 정황을 늘어놓고는 배교하도록 반복해서 유혹했으나, 요한은 흔들리지 않았습니다. 한 번은 여종의 말이 몹시 처참하고 간절하여, 요한에게 걱정하는 마음이 있으니, 말딩이

그녀를 노려보았습니다. 늙은 여종은 두려워서 감히 그
말을 마치지 못하고 물러간 뒤로는 다시 감옥에 가지 않
고 말했습니다. "이 생원님의 눈빛이 무서워서 다시는 갈
수 없습니다." 말딩은 옥중에서도 늘 서책을 베끼고 경문
을 외며 도道(진리)를 풀이하여 사람들에게 권했는데, 옥졸
한 사람이 감동해서 믿고 따라서 뜨거운 신앙인이 되었습
니다.」

[12]
<u>權哲身</u>者, 南人【卽東人.】大家之裔, 居京畿道楊根郡, 素
以經·禮之學爲世名儒, 聖教到東, 全家信從. 本係名家,
謗誹亦甚. 其弟<u>日身</u>死於辛亥之窘. 自此以後, 不敢顯然守
誠, 而仇嫉者之憎恨愈深.

　　권철신權哲身(1736~1801)은 남인南人【곧 동인東人입니다】집
안의 후손으로서, 경기도 양근군에 살면서 평소 경학經學과
예학禮學으로 세상에 이름난 유학자였는데, 성교가 우리나
라에 들어오자 온 가족이 믿고 따랐습니다. 본래 명문가인
만큼, 경솔한 비방도 심했습니다. 그 아우 권일신權日身(?~
1801)은 신해박해 때 죽었습니다. 그 뒤부터는 감히 공개적

으로 계명을 지키지는 못했는데도, 그를 원망하고 시기하는 자들의 미움과 원한은 더욱 깊어졌습니다.

[13]

己未夏, 本鄕怪鬼輩搆誣告官, 權家子弟亦爲對卞. 事將張大, 賴本官明良, 調停解釋, 惡謀不遂. 詭計愈秘, 締結京中惡官. 庚申五月, 面奏先王曰: "楊根一鄕, 邪學熾盛, 無人不學, 無村不爲. 而本官恬然, 不加査察, 該郡守合當警責." 先王可其奏, 楊根守引咎自退. 新官到任, 舊案復起, 逮捕多人. 而哲身則年老胆怯, 上京姑避. 官將其子代囚之. 其子屢請代受父罰, 而本官不許, 必欲招致哲身, 事久不決.」

기미년(1799) 여름, 고향의 고약하고 교활한 무리들이 터무니없는 일을 꾸며서 관청에 고발하니, 권씨 집안의 자제들도 맞서서 변호했습니다. 사건이 확대되려는 상황에서 그 고을 군수가 현명하게 사건을 조정하고 풀어낸 덕분에, 악한 모략은 성공하지 못했습니다. 그러나 간교한 계획은 더욱 비밀스러워져서, 서울의 악질 관리들과 결탁했습니다. 그들은 경신년(1800) 5월에 선왕을 뵙고 아뢰었습니다. "양근 고을에 사학이 한창 성행하여 배우지 않는 사

람이 없고 신봉하지 않는 마을이 없습니다. 그러나 군수
는 대수롭지 않게 여기고 조금도 사찰하지 아니하니, 그
군수를 징계하고 문책하는 것이 마땅합니다." 선왕께서는
그들의 건의를 옳게 받아들였고, 양근 군수는 책임을 지
고 스스로 사퇴했습니다. 새 군수는 부임하자마자 묵은 사
건을 다시 끄집어내서 많은 사람들을 체포했습니다. 철신
은 나이가 많고 겁을 먹어서 서울로 올라가 잠시 피신했
고, 군수가 그 아들을 대신 잡아 가두었습니다. 그 아들이
아버지의 벌을 대신 받겠다고 여러 차례 청했으나, 군수는
허락하지 않고 기어코 철신을 소환하려고 하여, 사건이 오
랫동안 해결되지 않았습니다.」

[14]

先王雖甚疑懼, 然每事本不欲張大. 且鐸德之事, 關係兩國,
萬一顯著, 則處置極難. 故乙卯後, 群臣多請嚴禁聖敎, 而
一幷委之於有司, 若不欲干涉者然. 外鄕窘難, 莫非暗命,
而佯若不知, 蓋欲緩敎友之心, 潛捕神父, 暗地結果. 計未
成, 而遽徂落.」

　　선왕께서는 비록 의구심이 대단했지만, 본래 무슨 사건

이든지 확대시키지 않으려고 했습니다. 또한 탁덕 사건[32]은 청나라와 조선 두 나라와 관계되는지라, 만의 하나라도 분명하게 드러나면 처리하기가 극히 곤란할 것입니다. 그래서, 을묘년(1795) 이래 여러 신하들이 성교를 엄격하게 금지할 것을 많이 청했으나, 선왕은 담당 관리에게 일괄적으로 맡기고는 간섭하려 하지 않는 듯한 모습을 보였습니다. 지방의 박해는 왕의 비밀 지령이 아닌 경우가 없었으나, 짐짓 모르는 체한 것은 교우들의 마음을 느슨하게 하여 신부님을 몰래 붙잡아 암암리에 마무리 지으려고 했던 것인데, 선왕께서는 계획을 미처 이루지 못한 채 갑자기 세상을 떠나 버렸습니다.」

[15]

金汝三者, 本係湖中人, 弟兄三人, 皆領聖洗, 爲避窘難, 移居都下. 近年汝三冷淡背敎, 交結匪類, 兩兄不能禁.

김여삼은 본래 호중(충청도) 사람으로, 형제 셋이 모두 세례를 받았는데, 박해를 피하려고 서울로 이사하여 살았습

---

32. 탁덕鐸德 사건 : 탁덕은 신부神父를 가리키는 옛 말이다. 본래 덕德을 실천하도록 지도하는 사람이라는 뜻으로, 사탁司鐸, 서사西士, 신사神士 등으로도 쓰였다. 여기서 탁덕 사건은 1795년 주문모 신부를 체포하려다가 실패한 일을 가리킨다.

니다. 근년에 와서 여삼은 신앙이 냉담하다가 배교하여 무
뢰배들과 사귀었는데, 두 형도 이를 막을 수 없었습니다.

[16]

有<u>李安正</u>者, 亦係<u>湖中</u>人居<u>京</u>者, 畧有家産, 而爲<u>汝三</u>之
姻親. <u>汝三</u>貧寒, 常望其週給, 而<u>安正</u>不能稱其意. 因而結
恨, 尋常切齒. 時<u>安正</u>恒受聖事. <u>汝三</u>揣知之, 妄以爲'若
神父勸他施財, 則他不敢不從, 而因神父不勸, 故他不施
財', 遷怒於神父, 生謀害之心, 遂將神父之事, 密告於捕
盜部將. 部將輩廉察五六年, 終不能得, 及聞此言, 如何不
喜歡? 許以'事成, 則當薦汝爲厚祿之任', 究問: "此人
方在何處?" 時神父住<u>葛隆巴</u>家, <u>汝三</u>亦能猜測, 遂與部將
約曰: "某日, 你來我家, 我當告之." 約日未到, <u>汝三</u>適往
他人家, 忽然得疾不能還. 約日部將到家空還. 幸有一敎友,
探知此事, 告于神父. 神父避往別所, 命<u>李安正</u>備錢數十貫,
往見和解之. <u>汝三</u>恨怒暫緩, 不多日, 國王棄世, 各司多事,
事得不起. 然<u>汝三</u>旣有密告之後, 亦不能自己, 常與惡輩綢
繆謀議, 必欲肆毒而後已.」

　　이안정이란 사람도 호중 사람으로 서울에서 살면서 재
산이 좀 있었는데, 여삼과는 사돈 관계였습니다. 여삼은

가난하여 그가 재물을 대어주기를 늘 바랬으나, 이안정은 그 뜻대로 다 들어주지는 못했습니다. 그 때문에 여삼은 한이 맺혀 평소에도 이를 갈고 있었습니다.

　이때 이안정이 늘 성사聖事를 받고 있었는데, 여삼이 이를 눈치채고는 망령되게도 '만약 신부님이 그에게 재물을 주라고 권하면 그가 감히 따르지 않을 수 없을 것인데, 신부님께서 권하지 않았기 때문에 그가 재물을 주지 않는 것'이라고 생각했고, 노여움을 신부님께 옮겨서 음모를 꾸미며 해칠 마음을 먹고 드디어 신부님의 일을 포도부장에게 밀고했습니다. 포도부장 무리들이 5~6년 동안이나 염탐했어도 끝내 알아내지 못하다가 이 말을 듣고서 얼마나 기뻐했겠습니까? 그들은 "일이 성공하면 너를 봉급이 많은 관직에 천거할 것이다"라고 약속하면서, "이 사람은 지금 어디에 있는가?"라고 캐물었습니다.

　이 때 신부님께서는 골룸바姜完淑(강완숙 1760~1801)의 집에 머물고 계셨는데, 여삼도 짐작하고 있었으므로 마침내 포도부장과 "아무날 그대가 우리 집에 오면 내 알려 주리다."라고 약속했습니다. 약속한 날이 채 안되어 여삼은 마침 다른 사람의 집에 갔다가 갑자기 병이 나서 돌아오지 못했습니다. 약속한 날에 포도부장이 그의 집으로 갔으나 헛걸음으로 되돌아갔습니다.

다행히 한 교우가 이 일을 알아차려서 신부님께 알렸습니다. 신부님께서는 다른 곳으로 피해 가셨고, 이안정에게 돈 수십 관을 마련해서 여삼을 찾아가 화해하도록 지시하셨습니다. 여삼의 원한과 분노가 잠시 누그러졌는데, 며칠이 못 되어 국왕(정조)께서 세상을 떠나시니, 각 관청마다 일이 많아져서, 일이 벌어지지는 않았습니다. 그러나 여삼은 이미 밀고를 한 뒤라 자기 스스로도 어쩔 수 없이 늘 못된 무리들과 함께 빈틈없이 모의해서 기어코 독한 짓을 저지르려고 했습니다.」

[17]

本國士大夫, 二百年來, 分黨各立, 有南人·老論·少論·少北四色之目. 先王末年, 南人又分而爲二. 一邊則李家煥·丁若鏞·李承薰·洪樂敏等若干人, 皆從前信主, 偸生背敎之人, 外雖毒害聖敎, 中心尙有死信, 而同黨鮮少, 勢甚孤危. 一邊則洪義浩·睦萬中等, 眞心害敎之人. 十年以來, 兩邊結怨甚深.

우리나라의 사대부들은 이백 년 전부터 당파가 나뉘어 각각 대립하여 남인, 노론, 소론, 소북의 네 당파가 있는

데, 선왕의 말년에 남인이 다시 나뉘어 두 파[33]가 되었습니다. 한 쪽은 이가환李家煥(1742~1801), 정약용, 이승훈, 홍낙민등 몇 사람들로서, 모두 전에는 주님을 믿었으나 목숨이아까워서 배교한 사람들입니다. 겉으로는 비록 성교를 독하게 박해했으나 마음 속으로는 그래도 죽은 믿음[34]이나마 있었는데, 같은 당원이 아주 적어서 세력이 몹시 외롭고 위태로웠습니다. 다른 한 쪽은 홍의호와 목만중 등으로서, 진심으로 성교를 해치는 사람들입니다. 십 년 이래로 양 쪽이 맺은 원한은 대단히 깊습니다.

[18]

老論又分而爲二, 曰時派, 皆承順上意, 爲先王心腹之臣, 曰僻派, 皆力守黨論, 抗拒上意, 與時派如仇讐, 而黨衆勢大, 先王畏之, 近年擧國而聽之.

　　노론도 나뉘어 두 파가 되었는데, 시파라는 것은 모두

---

33. 두 파 : 근기남인近畿南人 가운데 천주교를 신봉하는 신서파信西派와 천주교를 배척하는 공서파攻西派의 분화가 있었다.

34. 죽은 믿음 : 『야고보서』 2장 26절에 "영혼이 없는 몸이 죽은 것과 같이, 행함이 없는 믿음은 죽은 것"이라는 성구를 인용하여, 겉으로는 배교했으나 속으로는 믿는 사람의 신앙을 빗대어 말한 것이다.

임금의 뜻을 받들고 따라서 선왕의 심복인 신하들이고, 벽파라는 것은 모두 당론을 굳게 지켜서 임금의 뜻에 항거하여 시파와 원수처럼 지내지만 당원이 많고 세력이 커서, 선왕께서도 그들을 두려워했으며, 근년에는 온 나라가 그들을 따릅니다.

[19]
李家煥文章盖世, 丁若鏞才機過人, 乙卯以前, 先王寵任之, 乙卯後, 漸見疎棄. 然此二人爲僻派之所深忌, 必欲中害. 家煥等雖背敎害敎, 僻派諸人常指斥爲邪黨, 譖駁備至, 先王每掩護之, 僻派不得肆害.

이가환은 문장이 세상을 덮을 만큼 훌륭했고, 정약용은 재주와 기지가 남보다 뛰어났으므로, 을묘년(1795) 이전에는 선왕께서 그들을 총애하고 신임했으나, 을묘년 이후로는 차차 소외되고 버려졌습니다. 그러나 이 두 사람은 벽파가 몹시 꺼리는 대상이라 벽파는 이들을 기어코 해치려 했습니다. 이가환 등이 비록 배교하고 성교를 박해했지만 벽파의 여러 사람들은 항상 그들을 사당邪黨(천주교도)으로 지목하고 배척하여 온갖 참소와 공박을 다 퍼부었으나, 선

왕께서 번번이 그들을 감싸주었으므로, 벽파가 마구 해칠
수 없었습니다.

[20]
及先王薨, 嗣君幼冲, 大王大妃金氏垂簾聽政. 大王大妃,
卽先王之繼祖母, 本係僻派中人, 本家曾爲先王所廢. 因
此積年懷恨, 而莫能泄, 意外臨朝, 遂挾僻派而肆毒. 庚申
十一月, 先王葬禮纔過, 卽將一班時派, 盡行放逐, 朝內半
空. 從前害敎之惡黨, 素與僻派相連, 見時勢大變, 譁然並
起, 有大擧之勢.」

　선왕께서 돌아가시자 뒤를 이은 임금(순조)은 나이가 어
려 대왕대비 김씨가 수렴청정을 했습니다. 대왕대비는 바
로 선왕의 계조모로서, 본래 벽파 출신인데, 그 친정은 선
왕께서 몰락시켰던 가문입니다. 이 때문에 대왕대비는 여
러 해 동안 원한을 품고 있었지만 드러내지 못하다가, 뜻
밖에 정권을 잡게 되자 마침내 벽파를 끼고 독한 짓을 마
구 저질렀습니다.

　경신년(1800) 11월, 선왕의 장례가 마치자마자 양반兩班
의 한쪽인 시파를 모조리 몰아내어 조정 안이 절반은 비었
습니다. 전부터 박해하던 악당들이 평소에 벽파와 서로 연

결되어 있었는데, 시세가 크게 변동되는 것을 보자 시끌벅적 함께 들고 일어나서 큰 일을 저지를 태세였습니다.」

[21]

庚申四月, 明會報名之後, 諸友勤於神工, 會外之人亦從風而動, 皆以化人爲務. 秋冬之間, 蒸蒸向化, 日甚一日, 而婦女居其二, 愚鹵賤人居其一, 士夫男子懼怕世禍, 信從者狼少.

경신년(1800) 4월에 명도회에 가입한 뒤 여러 교우들이 신공[35]에 부지런히 힘썼고, 회원이 아닌 사람들도 감화되어 좇아 움직여서 모두 남을 감화시키기에 힘썼습니다. 가을에서 겨울 사이에 나날이 교화되어 입교하는 사람이 날이 갈수록 불어났는데, 그 중 부녀자가 2/3를 차지했고, 무식한 천민이 1/3을 차지했으며, 사대부 남자들은 세상의 화를 두려워하여 믿고 따르는 자가 아주 적었습니다.

[22]

乙卯窘難, <u>葛隆巴</u>有保護之大功, 而才能出衆, 故神父專任

---

35. 신공神工 : 기도와 선행 등의 영적인 신앙 훈련과 업적.

之, <u>葛隆巴</u>亦熱心料理, 化人甚衆, 仕宦家婦女入教者頗多.
盖國法若非逆賊, 刑不及於士族婦女. 因此, 他們不以禁令
爲慮. 神父亦欲藉此爲廣揚之根基, 待之特厚, 教中大勢,
都歸女友. 然聲聞緣此亦廣.」

    을묘(1795)박해 때 골롬바는 신부님을 보호한 큰 공을
세웠고 재능이 남보다 뛰어났기 때문에, 신부님께서 모든
일을 그에게 맡겼고 골롬바도 열심히 일을 처리하여 교화
시킨 사람이 대단히 많았는데, 벼슬아치 집안의 부녀자로
서 입교하는 이가 자못 많았습니다. 대개 우리나라 법에서
는 만약 역적이 아니라면 형벌이 사대부 부녀에게 미치지
않습니다. 이 때문에 그들은 금령을 걱정하지 않았습니다.
신부님께서도 이를 의지하여 성교를 널리 전할 토대를 만
들고자 해서 특별히 후하게 그들을 대접하시니, 교회 안의
대세가 모두 부녀 교우들에게 돌아갔습니다. 그러나 소문
이 이에 따라 널리 퍼졌습니다.」

[23]
聖教爲國家之一大政, 新君卽位之後, 明知必有一番處分,
而不知處分之如何, 神父愈加謹愼, 教友咸懷憂懼. 十二月
十七日, 刑曹發差, 捕<u>崔多黙</u>拘因, 而此人則去年獄案, 尙

在未決, 此番被捕, 不是意外. 且其時不過自此申禁, 朝廷
則未有嚴教. 故教友們雖爲戒嚴, 不甚驚懼.」

　　성교(천주교)는 이 나라에서 커다란 정치문제가 되었으
므로, 새 임금(순조)께서 즉위하신 뒤에 반드시 한 차례 어
떤 처분이 있으리라는 점은 분명히 알았지만, 처분이 어떨
지 몰라서 신부님께서는 더욱더 근신하셨고 교우들은 모
두 걱정과 두려움을 품고 있었습니다. 음력 12월 17일, 형
조에서는 포졸을 보내 최도마를 붙잡아서 가두었는데, 이
사람은 지난해의 송사가 아직 미결인 채여서 이번에 붙잡
힌 것이 뜻밖의 일은 아니었습니다. 또한 그 때는 이로부
터 단속하고 금하기로 했을 뿐이었고, 조정에서는 아직 엄
격한 금지령이 없었기 때문에, 교우들은 비록 경계를 했을
지라도 그다지 놀라거나 두려워하지 않았습니다.」

신유박해 순교자 열전

[24]

十九日聖獻堂占禮日曉頭, <u>崔多黙</u>之從弟<u>崔伯多祿</u>, 在臨街藥舖閣子裡, 與數人念公經. 窓外適有投錢禁亂一輩, 【投錢, 雜技名, 無賴輩以此賭錢, 故法司常有禁令.】 聞窓裡拊心聲, 以爲投錢拍節聲, 排窓躍入, 不見投錢, 搜各人身邊, 獲一占禮單, 而伊等不識字, 不知爲何物, 遂持去以示識字之吏, 知係聖敎文字, 復回來捉人. 時天已大明, 他敎友已盡走散, 惟<u>伯多祿</u>及<u>吳斯德望</u>兩人被捕入官, 與<u>多黙</u>同囚.

19일, 성헌당첨례일[36] 새벽에 최도마의 사촌동생 최베드로崔必悌(최필제 1769~1801)는 길가에 있는 약방 내실에서 몇

---

36. 성헌당첨례일聖獻堂占禮日(주님 봉헌 축일) : 성탄절 뒤 40일째 되는 날 마리아가 모세 율법에 따라 정결례를 치르시고 아기 예수님을 봉헌하신 것을 기념하는 날. 동방교회에서는 5세기초부터 2월 14일에 지냈는데, 이는 처음에는 1월 6일을 성탄절로 지냈기 때문에 성탄 후 40일이 되는 날이다. 로마교회에서는 650년경 교황 마르티노 1세가 이 날을 마리아 빛의 축일로 지정했다가, 336년경부터 12월 25일을 성탄절로 지내던 관습에 따라 얼마 후 성탄절 후 40일째 되는 2월 2일로 변경했다. 제2차 바티칸공의회 이후 축일명을 '주님봉헌축일'로 확정했다.

몇 사람들과 함께 경문(기도문)을 외고 있었습니다. 창 밖에 마침 투전投錢【투전은 잡기雜技의 이름인데, 무뢰배들이 이 것으로 돈내기를 했기 때문에, 법을 집행하는 당국에서 늘 금령을 내렸습니다.】을 단속하던 관리들이 창 안에서 가 슴 치는 소리를 듣고 투전에서 장단 치는 소리로 알고 창 문을 밀어젖히고 뛰어들었습니다. 그런데, 투전이 보이지 않자 사람마다 몸을 뒤져서 첨례단[37] 한 장을 찾아냈으나, 그들은 글을 알지 못하여 그것이 무엇인지 몰랐습니다. 그 래서, 마침내 그것을 가지고 가서 글을 아는 아전에게 보 였다가, 그것이 성교에 관련된 글임을 알고나서 다시 되돌 아와서 사람들을 붙잡았습니다. 이 때는 날이 이미 환하게 밝아서, 다른 교우들은 벌써 다 달아나 흩어졌고, 최 베드 로와 오 스테파노 두 사람만 붙잡혀서 관가로 들어가 도마 와 함께 갇혔습니다.

---

37. 첨례단占禮單 : 첨례표瞻禮表라고도 하는 교회 축일표. 첨례는 축일의 옛말이며, 첨례표는 교회력에 따라 중요한 축일祝日들을 월일月日별로 기록한 한 장짜리 표이다.

[25]

於是捕盜部將輩挾金汝三及都下無賴輩, 以爲耳目, 到處
睢盱採訪, 教中洶洶擾亂, 値歲暮, 事得暫緩.」

　이에 포도부장의 무리들은 김여삼과 서울 안의 무뢰배
들을 끼고 정보원으로 삼아서 가는 곳마다 눈을 부릅뜨고
파헤치고 찾아내었습니다. 이에 교인사회는 흉흉하고 어수
선했는데, 마침 세밑이라 사건이 잠시 수그러졌습니다.」

[26]

正月[38]初九日, 總會長崔若望被捕, 自後部將輩晝夜旁午,
處處緝拿, 被捕者塡滿兩廳, 【捕盜廳有左右兩廳.】 而率
皆愚鹵新進及閭巷婦女, 剛毅者狼少.」

　정월 초아흐레, 총회장 최요한崔若望(최창현 1754~1801)[39]이

---

38. 백서 원문에는 소자小字로 추가 보완되어 있다.

39. 최요한崔若望은 조선 후기 천주교의 초기 신자로, 본명은 최창현崔昌賢이다. 중
　인 계층 출신으로, 조선 천주교회의 총회장이 되어 20년을 하루같이 복음 전도
　에 몸을 바친 결과 초기 조선 교회는 박해 속에서도 뿌리를 내려 다져질 수 있었
　다. 그의 집이 서울 입정동笠井洞에 있었으므로, 신자들간에는 관천冠泉이라는
　호號로 널리 알려졌다. 초창기 교회에 교리책 등 서적이 많지 않아 전교에 불편
　함을 느끼고 『주일분 첨례의 성경해설』이란 한문책을 우리말로 옮겨 신자들에게
　보급하여 교리지식을 높이기도 했다. 권일신, 이벽, 정약종, 이존창 등과 함께 조

붙잡힌 뒤로는 부장들이 밤낮으로 수선스럽게 돌아다니면서 곳곳마다 잡아가니, 붙잡힌 자들이 양청兩廳【포도청에는 좌포도청과 우포도청 양청이 있습니다.】을 가득 채웠는데, 모두가 우둔한 새 신자들과 여염집 부녀자들이었고, 심지가 굳센 사람은 아주 적었습니다.」

[27]

十一日, 大王大妃下教嚴禁, 畧曰: "先王每謂 '正學明, 則邪學自熄', 今聞邪學依舊, 自京至于畿湖, 日漸熾盛, 豈不凜然寒心乎? 京中及外鄕, 修明五家統之法, 統內若有爲之者, 統首告官懲治. 然猶不悛, 當論以逆律, 剿殄滅之, 俾無遺種." 於是各處騷擾, 禍炎愈熾, 教友們尤無所措手足.」

11일, 대왕대비께서 교서를 내려 엄하게 금하면서 대략 다음과 같이 말씀하셨습니다. "선왕께서는 늘 '정학正學 (올바른 학문, 즉 유학)이 밝혀지면 사학邪學(천주교)은 저절로 사라질 것'이라고 말씀하셨는데, 이제 들으니 사학이 여전하

선 교회 창립에 주동적 역할을 하였음은 물론, 성직자 영입을 위해서 앞장서서 활동했다. 1801년 음력 2월 26일 서소문 밖에서 정약종 등과 함께 참수되어 순교했다.

여 서울에서 경기도와 충청도에 이르기까지 나날이 점점 더 성행한다고 하니, 어찌 소름끼치고 한심한 일이 아니겠는가? 서울과 지방에 오가작통법[40]을 분명히 세워서, 통 안에 만약 그것을 범하는 자가 있으면 통장이 관청에 고 발하여 다스리도록 하라. 그래도 여전히 뉘우치지 않으면 반역죄를 적용하여 모조리 다 사형에 처하고 씨도 남기지 말도록 하라." 이에 곳곳마다 어수선해지고 환난의 불길 이 더욱 거세져서, 교우들은 더욱 손발을 둘 곳이 없어졌 습니다.」

[28]

明會長丁奧斯定, 若鏞之第三兄也. 先居楊根. 庚申五月 之窆, 率家上京. 本來謗讟甚盛, 庚申夏, 有一惡官, 指名請 誅於先王面前, 賴先王叱止之. 至是見時勢已變, 火色漸 熾, 自己恐不得免, 取所有聖物 · 書冊及神父手札, 貯之一 籠, 寄在他家. 未幾, 寄籠之家又有駭機, 將欲搬回本家, 而 恐爲部將輩所獲, 使任多黙者扮作賣柴的, 裹籠以枯松葉, 十九日夕陽時, 從街上負來. 籠大薪薄, 不類樵擔. 漢城府 別肉禁亂見之, 疑其爲私屠牛肉,【私屠之禁絶嚴.】 駈迫

---

40. 오가작통법五家作統法 : 천주교를 금하기 위해 다섯 집을 한 통統으로 삼아 연대 책임을 지도록 한 제도.

到官, 開看, 都是聖教書・像及神父筆札. 府官大駭, 遂將
籠與人, 押送捕廳. 是如火上添油, 禍難因此而大.」

명도회장 정 아오스딩(정약종)은 정약용의 셋째형입니
다. 전에는 양근에서 살았는데, 경신년(1800) 5월 박해 때
온 가족을 이끌고 서울로 올라왔습니다. 본래부터 비난과
모함을 많이 받았는데, 경신년 여름 한 악질 관리가 선왕
의 면전에서 그를 지명하여 죽이기를 청했으나, 선왕께서
꾸짖은 덕분에 해를 면했습니다.

그러나 이제는 시세가 이미 변하여 박해의 불빛이 차
츰 거세지는 것을 보고, 스스로 도저히 면할 수 없을 것이
라고 걱정하여, 가지고 있던 성물과 책과 신부님의 편지
등을 농에 담아서 다른 집에 맡겨 두었습니다. 얼마 안가
서 농을 맡긴 집도 발각될 가능성이 있어서 본가로 도로
옮겨 오려 했으나 부장들에게 빼앗길까 두려워서 임도마任
大仁(임대인)⁴¹라는 사람을 시켜 땔나무장수로 꾸미고 농을 마
른 솔잎으로 싸서 19일 해질녘에 길거리로 짊어지고 나오
게 했습니다. 농은 크고 솔잎은 엷어서 아무래도 땔 나뭇
짐 같지 않았습니다.

---

41. 임대인任大仁은 1801년 신유박해 당시, 약종의 지시를 받아 천주교 서적을 운
반하던 중 한성부 관리에게 체포되었다. 1801년 2월 7일 포도청에 수감되었으
며, 같은 해 3월 11일 전라도 신지도薪智島로 유배되어 관노官奴로 처벌받았다.

마침 한성부의 별육別肉(밀도살한 고기)을 단속하는 사람이 그것을 보고, 그것이 밀도살한 쇠고기가 아닌가 의심하여, 【밀도살 금지는 몹시 엄격했습니다.】 다그치며 몰고가서 관청에 이르러 열어보니, 모두가 성교의 책과 성상과 신부님의 편지였습니다. 한성부의 관리들이 크게 놀라 마침내 농과 사람을 다 포청으로 압송했습니다. 이는 불에다 기름을 끼얹은 것과 같아서, 이 때문에 환난이 확대되었습니다.」

[29]
書籠被捉後, 敎友們莫不震驚, 恐不保朝夕, 過了十餘日, 寂無動靜. 二月初, 捕盜大將李儒慶移職, 新官申大顯視事, 盡放滿獄背敎之人. 惟崔多黙兄弟·崔若望·任多黙不放. 或云'將欲杖殺', 或云'方議遠竄'.

책이 든 농이 압수당한 뒤에 교우들은 놀라서 떨지 않는 자가 없었으며, 아침 저녁으로 목숨을 보전하지 못할까 두려워했는데, 10일 남짓 되는 날이 지나도 고요한 채 아무런 움직임이 없었습니다. 2월 초에 포도대장 이유경이 다른 직책으로 옮겨가고, 새로 임명된 신대현이 집무하자

옥을 가득 채웠던 배교자들을 모두 석방했습니다. 그러나 최도마 형제와 최요한과 임도마만은 석방하지 않았습니다. 곤장으로 때려 죽이려 한다는 말도 있었고, 멀리 귀양 보낼 것을 막 의논중이라는 말도 있었습니다.

[30]
外間緝捕暫停, 敎友們喜出望外, 庶乎其無事. 時有少北朴長卨 · 老論李書九 · 南人崔顯重, 相繼上疏, 極詆聖敎, 請以逆律論罪. 幷論申大顯輕治之罪. 大妃震怒, 繫大顯于吏, 移捕廳所囚四人于禁府. 國法朝士及逆賊, 禁府治之, 捕廳專管盜賊, 庶民有罪, 刑曹治之. 敎友皆庶民, 而屬之捕廳者, 用治盜律也, 移之禁府者, 論以逆律也.

　밖에서 검거가 잠시 멈추니 교우들은 뜻밖의 사태에 기뻐하며 그대로 아무 일이 없기를 바랐습니다. 이 때 소북의 박장설, 노론의 이서구, 남인의 최현중 등이 서로 잇달아 상소를 올려서 성교를 몹시 헐뜯으며 반역죄로 처단하기를 청했습니다. 아울러 신대현이 교인들을 가볍게 처벌한 죄를 논했습니다. 대비께서 크게 노하여, 신대현을 구속하고 포도청에 가둔 네 사람을 의금부로 옮겼습니다. 국법에서는 조정의 신하와 역적은 의금부에서 다스리고, 포도청은 도적을 전담하며, 서민이 죄가 있으면 형조에서 다스립니다. 교우들이 모두 서민이므로, 그들을 포도청에 맡긴 것은 도적을 처리하는 형률을 적용하여 다스린 것이고, 그들을 금부로 옮긴 것은 반역사건을 처리하는 형률로 논죄한 것입니다.

[31]
二月初九日, 下李家煥·丁若鏞·李承薰·洪樂敏于禁府. 十一日 捕權哲身·丁若鍾, 一邊申飭捕廳, 從前放送之人, 盡行追捕, 並將驪州·楊根所囚諸人, 解赴禁府, 京·鄉知名之教友, 無一人得免. 道路上, 邏卒橫馳, 晝夜不絶, 禁府及兩捕廳及刑曹獄, 皆塡塞不能容云矣.」

　2월 9일, 이가환, 정약용, 이승훈, 홍낙민을 의금부에 가두었습니다. 11일, 권철신과 정약종을 체포하는 한편, 포도청에 단단히 일러두어 앞서 놓아 주었던 사람들을 모조리 다시 체포하게 하고, 아울러 여주와 양근에 가둔 여러 사람들을 의금부로 압송해 오니, 서울과 지방의 이름난 교우는 한 사람도 모면한 이가 없었습니다. 길에는 나졸들이 마구 내달리며 밤낮으로 끊이지 않았고, 의금부와 양 포도청과 형조의 옥은 모두 꽉꽉 들어차서 더 수용할 수 없게 되었다고 합니다.」

[32]

二十四日, <u>葛隆巴</u>全家被捕. 此後士族婦女被捕者甚多, 而
皆不得詳聞.」

24일, 골룸바의 온 가족이 체포되었고, 그 뒤로 양반
집 부녀자들도 체포된 이가 퍽 많았지만, 모두 상세히 알
수는 없었습니다.」

[33]

丁<u>奧斯定</u>到官, 官問書籠來歷, <u>奧斯定</u>認爲己物. 官將籠
中書札, 遂一究問, <u>奧斯定</u>緘口不答. 官送人問于家屬曰:
"汝夫·汝父只告神父之姓名居住, 則必無死理, 而甘受
毒杖, 終不開口. 你等家屬應必知之. 你等須念家長之性命,
從實直告." 家屬俱以不知答之.

정아오스딩이 관청에 도착하자, 관리는 농 속 책의 내
력을 물었고, 아오스딩은 모두 자기 물건임을 인정했습니
다. 관리는 농 속의 편지를 가지고 하나하나 따져 물었으

나, 아오스딩은 입을 다물고 대답하지 않았습니다. 관리가 사람을 보내 가족에게 물었습니다. "네 남편, 너희 아버지는 신부의 성명과 거주지만 알려주면 틀림없이 죽을 리가 없는데, 혹독한 매질을 달게 맞으면서도 끝내 입을 열지 않는구나. 너희 가족은 틀림없이 알고 있을 터이니, 너희들은 가장의 목숨을 생각하여 바른대로 알리거라." 가족들은 모두 모른다고 대답했습니다.

[34]

於是公卿會議, 論以大逆不道. 二十六日, 奧斯定及崔若望·崔多黙·洪方濟各沙勿·洪樂敏·李承薰共六人一幷斬決.」

이에 공경대신[42]들이 모여서 논의하고 대역부도大逆不道의 죄로 판결했습니다. 26일, 아오스딩, 최요한, 최도마, 홍프란치스코 사베리오洪敎萬(홍교만 1737~1801), 홍낙민, 이승훈 여섯 사람을 모두 참수형에 처했습니다.」

---

42. '공경대신公卿大臣'은 조선 시대에 공경公卿으로 불리던 고위 관료들을 의미한다. 이들은 조정의 중요한 결정을 내리는 데 참여하며, 국가의 정책과 행정을 이끌었다.

[35]

此後又有九人斬決, 而女子三人, 一則葛隆巴, 其二不知,
男子六人, 亦不知爲誰, 似是崔伯多祿等, 而傳聞未詳, 不
敢强定耳.」

그 뒤에 또 아홉 사람을 참수형에 처했습니다. 여자 세
사람 가운데 한 사람은 골룸바인데, 다른 두 사람은 누군
지 모르겠습니다. 남자 여섯 사람도 누군지 모르겠으나,
최베드로 등인 듯한데, 들리는 소문이 상세하지 않아서 함
부로 단정하지는 못하겠습니다.」

[36]

驪州 · 楊根所囚諸人, 皆還送本邑斬決, 而未及查實, 不能
條奏.」

여주 양근에 갇혀 있던 사람들[43]은 모두 본 고을로 되
돌려보내서 목을 베어 죽였는데, 아직 사실을 조사하지 못
하여 낱낱이 아뢸 수 없습니다.」

---

43. 원경도, 정종호, 최창주, 임희영.

總會長崔若望昌賢, 中路人也. 乙卯致命崔瑪弟亞之族姪.
家傳眞實之訓, 聖敎到東, 首先進敎, 平和謹愼, 公明精勤,
二十年如一日. 表樣純粹, 言辭簡當, 人或攖疑, 或遇患, 心
甚憂悶, 一見其面, 則自覺所遭之不大不難. 更聞數言, 則
胸次釋然. 講道詳明有味, 雖談說天然, 不圖悅聽, 而人皆
樂聞, 不知厭倦, 入人最深, 聽之者大有神益. 順命謙遜, 出
於自然, 旣無卓異之表, 亦無瑕玷之行. 德望爲敎中第一人,
人無不愛信. 家在笠井洞, 故敎中號爲冠泉.

    총회장 최요한 창현은 중로인으로, 을묘년(1795)에 순교
한 최 마티아崔仁吉(최인길 1764~1795)의 조카입니다. 그의 집안
에 진실한 가르침이 전해 내려와서, 성교가 우리나라에 들
어오자 남보다 먼저 입교하여 화평하고 근신하며 공명하
고 부지런하기를 20년 동안 하루같이 했습니다. 겉모습이
순수하고 말씀은 간단하고 온당하니, 누구든지 의혹이 생
기거나 환난을 당해서 마음이 몹시 걱정스럽고 답답할 때
그 얼굴을 한번만 보면, 자기에게 닥친 일이 그다지 큰일
도 아니요 어려운 일도 아님을 스스로 깨닫게 됩니다. 다
시 몇 말씀을 더 들으면, 가슴이 시원스레 풀렸습니다. 도
리의 강론은 상세하고도 명백하여 멋이 있었으므로, 비록
예사롭게 말하며 듣기 좋게 말하려고 하지 않더라도 사람

들이 다 즐겨 듣고 싫증을 내지 않았으며, 사람의 마음 속 깊이 파고들어 듣는 사람에게 신령한 유익이 아주 많았습니다. 순명順命(명에 순종함)과 겸손은 자연스러움에서 나오는 것이어서, 남달리 뛰어난 모습도 없었지만 흠잡을 만한 행실도 없었습니다. 덕망이 교우들 가운데서 으뜸이었으므로, 그를 사랑하고 신뢰하지 않는 사람이 없었습니다. 집이 입정동에 있었기 때문에, 교우들 사이에서는 '관천'으로 불렀습니다.

[38]

趙和鎭之廉聞湖中也, 已知崔冠泉爲敎中領袖, 但不知其名與居住, 故不能捕獲. 至是見窘難將大, 避住敎友家. 辛酉正月初五日, 體氣不平, 不得已還家調攝. 初九日夜半, 金汝三導捕盜部將, 到家掩捕, 囚之捕盜廳. 十餘日後, 受治盜棍十三度, 杖時, 屛氣伏地, 如死人一樣, 杖後, 官數罪, 蹶然而起, 講明聖敎十誡. 官曰: "汝旣孝敬父母, 胡不行祭?" 答曰: "請審思之. 就寢之時, 雖有旨味, 必不能嘗. 況已死之人, 安能享飮食乎?" 官不能答, 遂命下獄. 自後無所聞, 與丁奧斯定同日被斬, 時年四十三歲.」

조화진이 호중(충청도)을 염탐할 때 최관천이 교인들의

영수임을 알았으나, 그의 이름과 거주지를 몰라서 체포하지 못했습니다. 이에 이르러 박해가 앞으로 확대될 것을 알아차리고 다른 교우의 집에 피해 있다가, 신유년(1801) 정월 초닷샛날 몸이 불편하여 하는 수 없이 집으로 돌아와서 몸조리를 했는데, 초아흐렛날 밤중에 김여삼이 포도부장을 데리고 집에 와서 둘러싼 채 그를 체포하여 포도청에 가두었습니다.

십 몇 일 뒤에 치도곤 열 세 대를 맞았는데, 매를 맞을 때는 숨죽인 채 땅에 엎드려서 마치 죽은 사람 같더니만, 매질이 끝난 뒤에 관리가 그의 죄목을 헤아리자 벌떡 일어나서 성교의 십계명을 강론하여 밝혔습니다. 관리가 "네가 부모를 효도로 공경한다면 어찌하여 제사를 지내지 않느냐?" 묻자 그가 대답했습니다. "곰곰히 생각해 보십시오. 잠자리에 들 때에는 비록 맛있는 음식이 있을지라도 맛볼 수 없기 마련이거늘, 하물며 이미 죽은 사람이 어찌 음식을 먹고 마실 수 있겠습니까?" 관리는 대답하지 못했고, 끝내 감옥에 가두도록 명령을 내렸습니다. 그 뒤에 소문을 듣지 못했는데, 정아오스딩과 함께 한 날에 참형을 당했습니다. 이 때 나이가 43세였습니다.」

[39]

丁奧斯定若鍾, 性直而志專, 詳密過人. 嘗有學仙長生之志,
誤信天地改闢之說, 歎曰: "天地變改時, 神仙亦不免消融,
終非長生之道, 不足學也." 及聞聖教, 篤信而力行之. 辛
亥之窘, 兄弟・親友, 少有全者, 而獨不撓動. 拙於俗論, 而
最喜講論道理, 雖當疾病飢乏之時, 若不知其苦者然. 或不
明一端道理, 則寢食無味, 全心全力而思之, 必至融通而後
已. 雖在馬上舟中, 總不斷黙想之工, 見有愚蒙者, 盡力訓
誨之, 至於舌疲喉痛, 而少無厭倦之意, 雖甚愚鹵者, 鮮有
不明. 嘗爲教中愚者, 以東國諺文, 述『主教要旨』二卷,
博採聖教諸書, 參以己見, 務極明白, 愚婦・幼童, 亦能開
卷了然, 無一疑晦處. 緊於本國, 更勝於『芻蕘』, 神父准
行之.

　　정약종 아오스딩은 성품이 강직하고 뜻이 하나로 집중
되어, 자상하고 꼼꼼함이 남보다 뛰어났습니다. 선도仙道를
배워 길이 살 뜻이 있어서 천지개벽설을 그릇되게 믿었던
적이 있었는데, 탄식하며 말했습니다. "천지가 변하고 바
뀔 때에는 신선도 사라져 없어짐을 면치 못하니, 이는 결
국은 길이 살 도리가 아니므로 배울 만한 것이 못된다."
　　그러다가 성교의 가르침을 듣게 되자, 독실하게 믿고
힘껏 행했습니다. 신해년(1791) 박해 때 형제와 친구들 가

운데 믿음을 지키는 사람이 적었으나 그만이 홀로 흔들리지 않았으며, 세속적 이야기에는 서툴렀으나 도리를 강론하기를 가장 좋아해서, 비록 병들어 괴롭거나 굶주리며 궁핍할 때에도 그것이 괴로운 줄 모르는 사람 같았습니다. 어쩌다가 한 가지 도리라도 모르는 것이 있으면, 먹는 것도 자는 것도 잊어버린 채 온 마음과 온 힘을 다해 생각하여 반드시 제대로 꿰뚫는 깨달음에 이르고야 말았습니다. 말을 타든지 배를 타든지 언제나 묵상의 공부를 그치지 않았으며, 어리석고 몽매한 사람을 보면 힘을 다해 가르쳤는데, 혀가 굳고 목이 아프더라도 조금도 싫증내는 기색이 없었으므로, 비록 아무리 어리석고 둔한 사람일지라도 깨닫지 못하는 자가 드물었습니다.

교우들 가운데 어리석은 이들을 위해서 우리나라의 한글로 『주교요지』두 권을 저술하였습니다. 성교의 여러 책을 널리 참고하고 자기의 의견을 보태어 썼는데, 아주 명백하게 설명하여 어리석은 부녀자나 어린아이들이라도 책을 펴기만 하면 환히 알 수 있게 하였으며, 한군데도 의심스럽거나 모호한 곳이 없었습니다. 우리나라에서 요긴하기가 『성세추요』[44]보다 훨씬 나으니, 신부님께서 그것을

---

44. 『성세추요盛世芻蕘』: 청나라 초기 예수회 선교사인 조안 조셉 마리 드 모이락 드 마이야Joseph-Anne-Marie de Moyriac de Mailla(중국명: 馬若瑟)가 저술

인준하여 시행했습니다.

[40]

積年宿學, 習與性成, 每見交友, 寒暄之外, 卽陳講論, 終日
娓娓, 無暇旁及他談. 或得自己所未通者一二端, 則滿心歡
喜, 積讚不已, 或有冷淡糊塗者, 不肯聽講, 則不勝缺然悶
然之意. 人間各端道理, 如探囊取物, 不煩思索, 而滔滔不
竭, 反覆辨難, 未嘗少窮. 所言皆排比次序, 無或錯亂, 而精
奇超妙, 詳細的確, 固人之信, 熾人之愛. 雖德望不及<u>冠泉</u>,
明理過之. 又以爲天主諸德及各種道理, 本來浩汗, 而散在
諸書, 無一全論, 讀之者難於領會, 將欲鈔集各書, 分門別
類, 彙爲一部, 名曰『聖敎全書』, 以贈後學, 起草未半, 而
被難不能成.

몇년 동안 쌓인 학문이 습관과 성품이 되어, 교우들을
만날 때마다 안부 인사만 나누고 곧바로 강론을 펼쳐서 해
가 저물도록 애쓰느라 미처 다른 이야기를 할 겨를조차 없
었습니다. 자기가 모르던 것을 한두 가지라도 알게 되는
경우에는 마음 가득 흐뭇해서 칭찬해 마지않았지만, 냉담

한 천주교 교리서. 천주교의 기본 교리를 중국 독자들에게 알기 쉽게 전달하기
위해 편찬되었다.

76

하여 신앙이 흐리터분해진 자가 강론을 듣지 않으려고 하는 경우에는 서운하고 답답한 마음을 이기지 못했습니다. 남들이 갖가지 도리를 물으면, 마치 주머니를 뒤적여서 물건을 꺼내듯 생각해 내느라 번민하지 않고 철철 넘쳐서 마르지 않았으며, 반복해서 어려운 문제를 판단하는 데 조금도 막힌 적이 없었습니다. 말하는 것은 모두 차례대로 논리정연해서 어수선한 경우가 없었고, 정밀하고 기이하여 뛰어나게 오묘하며 상세하고 적확하여 남들의 믿음을 굳건하게 하고 남들의 사랑을 불타오르게 했습니다.

비록 덕망은 관천(최요한)에게 미치지 못했지만, 교리에 밝기는 그보다 나았습니다. 또한 천주님의 모든 덕과 여러 가지 도리는 본래 크고 넓은데, 여러 가지 책에 흩어져 있어서 총론이 하나도 없으므로, 읽는 사람이 이해하기가 어렵다고 여겼습니다. 그래서, 여러 책을 발췌하고 종류별로 분류하여 모아서 한 부를 만들어 『성교전서』라고 이름을 붙여서 후학들에게 그것을 남겨주려고 했으나, 초고 작성이 반도 채 되지 않은 상황에서 박해를 받아 완성하지 못했습니다.

[41]
被捕入獄, 官以王命責問. 奧斯定直陳聖教眞實之理, 明其

不當禁之意. 官大怒以爲辨駁王命, 論以大逆不道. 出獄上車, 將就法場, 卽高聲謂人曰: "你等勿笑吾儕! 人生於世, 爲天主死, 卽當行之事耳. 大審判時, 吾儕之涕泣, 變而爲眞樂, 你等之喜笑, 變而爲眞痛, 你等必勿相笑!" 臨刑, 顧謂觀者曰: "你等勿怕! 此是當行之事. 你等必毋懼怕! 此後效而行之." 一斫之後, 頭頸半截, 蹶然起坐, 大開手畫聖號, 從容復伏. 與<u>崔多黙</u>同斬, 時年四十二歲. <u>崔多黙</u>年老多病, 獄中久已委頓, 登車不省人事. 將近法場, 始顯歡容, 首先被斬, 時年五十六歲.」

그가 체포되어 옥에 들어가니, 관리가 왕명으로 심문했습니다. 아오스딩은 성교의 진실한 도리를 똑바로 진술하고 그것을 금하는 것이 부당하다는 뜻을 밝혔습니다. 관리가 크게 노하여 왕명을 반박한다고 대역부도의 죄를 선고했습니다. 그는 옥에서 끌려나와서 수레에 올라 처형장으로 가면서 큰 소리로 사람들에게 말했습니다. "당신들은 우리를 비웃지 마십시오! 사람이 세상에 태어나서 천주님을 위해 죽는 것이야말로 당연히 할 일입니다. 대심판 때에는 우리가 흘린 눈물은 변하여 진정한 즐거움이 되고, 여러분의 기쁜 웃음은 변하여 진정한 고통이 될 것이니, 당신들은 반드시 서로 비웃지 마십시오!" 그는 처형에 즈음하여 구경꾼들을 둘러보며 말했습니다. "당신들은 두려워하지 마십시오! 이는 마땅히 해야 할 일입니다. 당신들은 반드시 두려워하지 마십시오! 이 뒤에 본받아서 행하십시오." 칼로 한 번 찍으니, 머리와 목이 반쯤 잘렸는데, 벌떡 일어나 앉아서 손을 크게 벌려서 십자 성호를 긋고는 조용히 도로 엎드렸습니다. 최도마와 함께 참수되었는데, 이때 나이 42세였습니다.

최도마는 나이가 들고 병이 많은데다가 옥중에서 오랫동안 시달려 이미 지쳐서, 수레에 오를 때에는 의식이 없었습니다. 처형장에 근접하자 비로소 얼굴에 기쁜 표정을 드러내면서 맨 먼저 참수되었는데, 이때 나이 56세였습니다.」

[42]

洪沙勿畧教萬, 權哲身之母舅, 居京畿道抱川縣, 少登進士, 晚好經學. 權家奉教, 他亦信從, 絶意仕宦, 勸化鄉隣, 爲一鄉領袖. 其女適奧斯定之子, 因此素有謗誹, 至是被捕致命.」

홍사베리오 교만(홍교만)은 권철신의 외숙으로, 경기도 포천현에서 살았는데, 젊어서 진사에 올랐고, 만년에는 경학經學을 좋아했습니다. 권씨 집안에서 성교를 신봉하자,

그도 믿고 따랐으며, 벼슬할 생각을 끊어버린 채 고향의
이웃들을 권유하고 교화시켜서 한 고을의 영수가 되었습
니다. 그의 딸이 정아오스딩의 아들에게 시집가서, 이 때
문에 평소에 남들의 비방이 있었는데, 이 때에 이르러 체
포되어 순교했습니다.」

[43]

洪保祿樂敏, 本係忠淸道禮山縣人也, 少中進士, 移居都下,
與李承薰·丁若鏞等爲友. 甲辰·乙巳之間, 信從聖敎, 以
熱心明理幹事見稱, 而爲遮人耳目, 不絶科擧. 己酉年, 登
及第, 屢官至司諫院正言. 辛亥之窘, 先王迫令背敎, 頗有
壞表. 同時背敎者, 皆全不守規, 而保祿則不廢經·齋. 乙
卯行聖事時, 受補禮, 預備解罪, 未及辦工, 窘難大起, 名在
韓永益告變中, 又被先王逼迫背敎. 自後在家則全守規誡,
出外則隨順壞俗. 己未遭母喪, 亦不拜牌. 年來熱心稍蘇,
將欲全心歸主, 善志未成, 而被捕同斬. 獄情嚴秘, 不能詳
知, 而以意度之, 則此人罪名, 本來不大, 若到官背敎, 未必
就死, 而至於斬首, 則可知其不悖聖敎矣.」

홍바오로 낙민(洪樂敏(홍낙민 1751~1801)은 본래 충청도 예산
현 사람으로서, 젊어서 진사시험에 합격했으며, 서울로 이

사와 살면서 이승훈, 정약용 등과 벗이 되었습니다. 갑진년(1784)과 을사년(1785) 사이에 성교를 믿고 따랐는데, 열심으로 도리를 밝히고 일을 맡아서 칭찬을 받았습니다. 그러나 남의 이목을 가리기 위해 과거 보기를 중단하지는 않았습니다. 기유년(1789)에 과거에 급제하여 여러 벼슬을 거쳐 사간원 정언에 이르렀습니다. 신해년(1791) 박해 때 선왕께서 억지로 배교를 명하시니, 나쁜 모습이 자못 있었습니다. 동시에 배교한 자들은 모두 다 전혀 계명을 지키지 않았으나, 바오로는 염경[45]과 재를 그만두지 않았습니다.

을묘(1795)년 성사를 행할 때에는 보례[46]를 받아 고해성사를 예비했으나 미처 하기도 전에 박해가 크게 일어났습니다. 이름이 한영익의 고변(고발)에 들어 있어서 또 선왕께 배교하라는 핍박을 받았습니다. 그 뒤부터 집에 있을 때는 계명을 온전히 지켰으나, 밖에 나갔을 때는 나쁜 세속을 순순히 따랐습니다. 기미(1799)년 어머니의 상을 당했을 때에도 위패에 절하지 않았습니다. 근래에 와서 열심이 차츰 살아나서 온 마음으로 주님께 돌아오려고 했으나, 착한 뜻

---

45. 염경念經 : 가톨릭에서 옛 교우들이 사용하던 말로, 기도문을 읽거나 외는 행위, 또는 미사와 그 밖의 교회예절 가운데 교우들이 외는 기도문을 가리키며, 미사나 교회예절에서 기도함으로써 그 예절에 참여한다는 의미로도 사용되었다.

46. 보례補禮 : 성세성사나 혼인성사 등 성사예식 집행 때 부족했던 부분을 보충하는 예식.

을 미처 이루기도 전에 체포되어 함께 참형을 당했습니다.

감옥안의 사정은 엄중한 비밀이므로 자세히 알 수 없지만, 짐작컨대 이 사람의 죄명은 본래 중대하지 않았으니, 만약 관아에서 배교했으면 반드시 죽음에 이르지는 않았을 터인데, 참수되기까지 했으니, 그가 성교를 저버리지 않았음을 알 만합니다.」

[44]

<u>李承薰伯多祿</u>, <u>李家煥</u>之甥姪, <u>丁奧斯定</u>之妹兄, 少登進士, 素好學問窮理, 布衣<u>李蘗</u>大奇之. 時<u>李蘗</u>密看聖書, 而<u>承薰</u>不知. 癸卯, 隨父入<u>燕</u>, <u>李蘗</u>密托曰: "<u>北京</u>有天主堂, 堂中有西士傳教者, 子往見之, 求信經一部, 幷請領洗, 則西士必大愛之. 多得奇物玩好, 必勿空還." <u>承薰</u>如其言, 到堂請洗, 諸位司鐸以其不明要理, 不許領洗. 惟<u>梁</u>神父力主授洗, 幷給許多聖書.

이승훈 베드로는 이가환의 생질(조카)이요 정 아오스딩(정약종)의 매형으로서, 젊어서 진사에 올랐으며, 평소에 학문과 이치를 깊이 탐구하기를 좋아하니, 포의[47]인 이벽이 크게 기특하게 여겼습니다. 이때 이벽이 성교 서적을 몰래

---

47. 포의布衣 : 벼슬하지 않거나 벼슬에 뜻이 없는 선비.

보고 있었으나, 승훈은 몰랐습니다. 계묘(1783)년에 그 아버지를 따라 북경에 들어가는데, 이벽이 은밀하게 부탁했습니다. "북경에는 천주당이 있고 그 천주당에 서양 선비인 선교사가 있으니, 자네가 찾아가서 만나보고, 신경信經(교리서) 한 부를 구하면서 세례 받기를 청하면, 서양 선비가 반드시 크게 환대할 것일세. 기이한 물건과 진귀한 노리갯감을 많이 얻어 오고, 반드시 빈손으로 돌아오지는 말게." 승훈이 그의 말대로 천주당에 가서 세례를 청했는데, 여러 사제들은 그가 성교의 핵심 교리를 제대로 알지 못한다고 해서 세례 받는 것을 허락하지 않았으나, 오직 양신부[48]님만이 힘껏 우겨서 세례를 주고 아울러 많은 성교 서적을 주셨습니다.

[45]
承薰到家, 與李蘗等潛心看書, 始通眞理. 因而勸化親友, 一時名士, 從者甚多, 推承薰爲首. 隨後厥父嚴禁, 惡友亂謗, 承薰猶忍耐奉敎.

---

48. 양신부梁神父 : 양동재梁棟材(그라몽 신부, 1736~1812). 프랑스 출신의 예수회 선교사.

승훈이 집으로 돌아와서 이벽 등과 함께 마음을 가라
앉힌 채 책을 읽어 보고 비로소 진리를 터득했습니다. 그
리하여 친한 벗들을 권유하고 교화시켜 당대의 이름난 선
비로서 따르는 사람이 몹시 많았는데, 그들이 승훈을 추대
하여 영수로 삼았습니다. 뒤따라 그의 아버지가 성교를 엄
하게 금지하고 나쁜 친구들이 마구 그를 비방했지만, 승훈
은 오히려 참고 견디며 성교를 받들었습니다.

[46]
先王愛其才, 庚戌秋, 補蔭仕, 官至平澤縣令. 申亥, 被拿背
教, 屢著毁教文字, 皆非本心也. 乙卯, 聞司鐸東臨, 動心回
頭, 豫備沾恩, 不多日窘難起, <u>承薰</u>仍復畏縮. 而以最初傳
書之故, 惡黨之攻斥聖教也, 必歸罪於<u>承薰</u>, 先王每曲護之.
<u>承薰</u>外雖從俗, 或逢舊時密友, 則繾綣不能忘情, 常思有以
振起之, 至是被禍. 而此人有傳書之罪, 雖復背教, 難免死
刑, 故不知其善死與否, 徐當査實耳.」

선왕께서 그의 재주를 아껴서 경술(1790)년 가을에 음직
[49]에 임명하여 벼슬이 평택 현령까지 올랐습니다. 신해

---

49. 음직蔭職 : 과거를 치르지 않고 조상의 공덕으로 얻은 벼슬.

(1791)년에 체포되어 배교하고, 여러 번 성교를 헐뜯는 글을 썼으나, 다 본심이 아니었습니다.

을묘(1795)년에 신부님께서 이 나라에 오신다는 소식을 듣고서 마음이 움직여 회개하고 은혜 받을 준비를 한 지 얼마 안 되어 박해가 일어나자 승훈은 또다시 두려워서 움츠렸습니다. 그러나 그가 최초로 성교 서적을 전파했기 때문에 악한 무리들이 성교를 공격하고 배척할 때는 반드시 그 죄를 승훈에게 돌렸지만, 선왕께서 그때마다 그를 두둔하고 감싸주었습니다. 승훈은 겉으로는 비록 세속을 따랐으나, 간혹 옛날에 친밀했던 벗을 만나면 마음에 서린 옛정을 못내 잊지 못하여 항상 다시 떨쳐 일어나려고 생각했는데, 이에 이르러 화를 입었습니다.

그런데 이 사람은 성교 서적을 전파한 죄가 있어서 비록 다시 배교할지라도 사형을 면하기 어려웠기 때문에, 그것이 선사[50]인지 아닌지는 천천히 사실을 조사해 보아야 합니다.」

---

50. 선사善死 : 일반적으로는 가톨릭 신앙을 지키면서 죽음을 맞는 선종善終을 뜻하는데, 여기서는 순교殉教를 지칭하는 표현이다.

[47]

<u>李家煥</u>自在幼少, 才智超群, 及長, 風度魁偉, 文章冠一國, 無書不覽, 强記如神. 又精天文・幾何之學, 嘗歎曰: "老夫死, 則東國幾何種子絶矣." 少信理氣之學, 每瞻天黙歎曰: "這樣大排布, 何謂無主宰者?" 三十餘, 登進士及第, 先王器重之.

이가환은 어릴 적부터 재주와 지혜가 뛰어났고, 장성해서는 풍채가 크고 장대했으며, 문장은 온 나라에서 으뜸이었고, 읽지 않은 책이 없었으며, 기억력이 강하여 마치 신神과 같았습니다. 또 천문학과 기하학에도 정통하여 "이 늙은이가 죽고 나면 이 나라에서 기하학의 씨가 끊어지겠구나."라고 탄식했습니다. 이기학[51]을 약간 믿던 그는 천체天體를 쳐다볼 때마다 마음속으로 감탄했습니다. "이렇듯 광대한 우주에 어찌 주재자가 없다고 할 수 있겠는가?" 서른 살 남짓에 진사에 오르고 대과에 급제하니, 선왕께서 그를 인재로 중시했습니다.

---

51. '이기지학理氣之學'은 성리학의 핵심 개념인 '이기론理氣論'을 말한다. 우주와 인간의 존재 및 본질을 '이理'와 '기氣'의 두 가지 요소로 설명하는 이론이다. '이'는 사물의 본질적 원리나 법칙을 가리키고, '기'는 이러한 원리가 현실에서 구현되는 물질적 요소를 의미한다. 이기론은 성리학의 토대를 이루고, 조선 시대 학자들에게 깊은 영향을 미쳤다.

[48]

甲・乙之際, 聞李蘗等信從聖教, 責之曰: "我亦見西洋書
數卷,【本家有『職方外記』・『西學凡』等.】不過是
奇文僻書, 只可廣吾識見, 安足以安身立命?" 李蘗據理
答之, 家煥辭屈, 遂求書細覽. 李蘗與『初函』書數種, 時
有『聖年廣益』一部, 而恐家煥不信灵蹟, 不肯借看. 家煥
力爭之, 盡取其時所有聖教書, 潛心反覆, 決意而信之曰:
"眞理也, 正道也. 苟非實事, 書中所說, 皆誣天耳, 慢天耳,
西士必不得涉海傳教, 當遭雷震死矣." 遂勸化門生, 密與
李蘗等晨夕往來, 頗有熱心.

갑진(1784)년과 을사(1785)년 무렵에 이가환은 이벽 등이
성교를 믿고 따른다는 말을 듣고 그를 책망했습니다. "나
도 서양 서적 몇 권을 보았는데,【그의 집에 『직방외기』[52]와
『서학범』[53] 등이 있었습니다.】기이한 글, 야릇한 책으로서
그저 내 식견을 넓힐 수 있는 것에 지나지 않거늘, 어찌 그
것으로써 몸을 편안히 하고 명을 세울 수 있겠는가?" 이벽

---

52. 『직방외기職方外記』: 17세기 이탈리아 출신 예수회 선교사 줄리오 알레니
   Giulio Aleni(중국명: 艾儒略)가 1623년에 한문으로 저술한 세계 인문지리서. 당
   시 서양의 최신 지리 지식을 동아시아에 소개하는 데 큰 역할을 했다.

53. 『서학범西學凡』: 조선 후기 천주교 관련 문헌. 서학(천주교)의 교리와 관련된 내
   용을 담고 있다. 천주교 교리와 서양 학문에 대한 소개를 통해 당시 조선 사회에
   서학을 전파하는 데 기여했다.

이 이치에 의거하여 대답하니, 이가환이 말이 막혀 마침내 책을 구해서 꼼꼼히 읽어보았습니다. 이벽이 『천학초함』[54]의 책 중 몇 가지를 주었는데, 그때 『성년광익』[55] 한 부가 있었으나, 가환이 기적을 믿지 않을까봐 빌려주지 않으려고 했습니다. 가환이 힘껏 우겨서 그때 가지고 있던 성교서적을 모두 가져다가 정신을 가라앉히고 되풀이해서 읽어보고는 마음을 먹고 그것을 믿었습니다. "진리요, 정도로다. 만약 사실이 아니라면, 책 가운데 한 말은 다 하늘을 모함한 것이요 하늘을 업신여긴 것이니, 서양 선교사가 틀림없이 바다를 건너와서 전교하지 못하고 벼락 맞아 죽었어야 마땅하다." 마침내 제자들을 권유하여 교화하고, 몰래 이벽 등과 아침저녁으로 오가면서 상당히 열심이었습니다.

---

54. 『천학초함天學初函』: 1629년 예수회 선교사인 아담 샬Adam Schall von Bell(중국명: 湯若望)이 편찬한 책으로, 서양의 천문학과 수학을 중국에 소개하기 위해 저술했다. 서양의 과학 지식을 동아시아에 전파하는 데 중요한 역할을 했다.

55. 『성년광익聖年廣益』: 1738년 베이징에서 출판된 중국어 가톨릭 교리서. 12편으로 구성되어 있으며, 연중 365일의 성인 축일과 관련된 내용을 담고 있다.

[49]

時李承薰等妄行聖事, 家煥勸人領洗, 自己不肯. 其意欲奉
使入燕, 受洗於西士也. 未幾見時勢艱難, 遂廢工課, 而奉教
得謗者, 多係家煥之姻親族屬, 故惡黨常指斥爲教主.

　　이때 이승훈 등이 함부로 성사를 집행했는데,[56] 가환
은 남에게 세례를 받도록 권하면서도 자기는 내키지 않았
습니다. 그것은 사신으로 북경에 가서 서양 선교사에게 세
례를 받으려고 했기 때문이었습니다. 얼마 안 되어 형세가
어려워짐을 보고는 마침내 공과[57]를 그만두었지만, 성교
를 믿는다고 비방을 받는 사람들은 대부분 가환의 인척과
친족들이었기 때문에, 악한 무리들이 항상 그를 교주로 지
목하여 배척했습니다.

[50]

辛亥窘難時, 爲廣州府尹, 頗害教中, 爲自明計, 用治盜律
於教友, 自家煥始. 辛亥後, 先王頗用南人, 家煥乘勢, 屢歷

---

56. 초기 한국 천주교회에서 약 2년간 평신도들이 선교사(성직자)가 없는 상황에서
　　미사와 성사(성체성사 및 고해성사)의 집전을 대신한 가성직제도假聖職制度를
　　일컫는다.

57. 공과工課: 종교인들이 정기적으로 수행하는 수련이나 의식.

名宦, 升拜工曹判書. 乙卯三人致命後, 惡黨不知司鐸之事, 歸罪於<u>李承薰</u>及<u>家煥</u>, 交章迭攻, 先王不得已, 謫<u>承薰</u>于<u>禮山</u>, 左遷<u>家煥</u>爲<u>忠州</u>牧使. <u>忠州</u>有一敎友, 謗素著, <u>家煥</u>治以嚴刑, 逼令背敎. 用周紐【治盜極刑】於敎友, 亦自<u>家煥</u>始, 又納官妓爲妾, 皆所以掉脫譖謗也. 然自後枳廢, 不復進用, 居家以文章自娛. 其妻素有信根, 勸化女婦妾婢, 或書冊綻露, <u>家煥</u>不爲査禁.

신해(1791)박해 때, 광주 부윤이 되어 성교를 상당히 박해함으로써 자기변명의 구실로 삼았는데, 교우들에게 도둑을 다스리는 형률을 적용한 것도 가환으로부터 비롯되었습니다. 신해년 이후에 선왕께서 남인을 많이 등용하자, 가환은 형세를 타고 여러 중요한 벼슬을 지내고 공조 판서에 임명되었습니다. 을묘(1795)년에 세 사람[58]이 순교한 뒤에 악한 무리들은 신부님의 일을 모르고 이승훈과 이가환에게 죄를 뒤집어씌워서 잇달아 상소하여 번갈아 공격했으므로 선왕께서도 어쩔 수 없이 승훈을 예산으로 귀양보내고 가환을 충주 목사로 좌천시켰습니다.

충주의 어떤 교우가 평소에 비난을 받아왔는데, 가환이 혹독한 형벌로 다스리며 배교하라고 핍박했습니다. 교

---

58. 세 사람 : 주문모 신부의 입국에 관련되어 순교한 지황, 윤유일, 최인길.

우들에게 주리【도둑을 다스리는 극형】를 사용한 것도 가환으로부터 비롯되었으며, 관기를 들여서 첩으로 삼은 것도 모두 (천주교를 믿는다는) 비방을 벗으려고 한 짓이었습니다. 그러나 그 뒤로는 버림받고 다시 등용되지 아니하여 집에서 지내면서 글을 지어 혼자 즐겼습니다. 그의 아내는 본래 믿음의 뿌리가 있어서, 딸과 며느리와 첩과 여종을 권유하여 교화했는데, 더러 서책이 탄로났을 때에도 가환이 조사하여 금지하지는 않았습니다.

[51]

戊午・己未之間, 聞外鄕窘難迭起, 密謂其所信曰: "此事 譬如以杖擊灰, 愈擊愈起. 主上雖欲禁止, 終當無奈何矣."

무오(1798)년과 기미(1799)년 사이에 지방에서 박해가 잇달아 일어났다는 소식[59]을 듣고 은밀히 자기의 소신을 말했습니다. "이 일은 비유하면 막대기로 재를 뒤적이는 것

---

59. 1797년에 일어난 정사丁巳박해의 소식을 말한다. 정사박해는 충청도 관찰사로 부임한 한용화韓用和가 6월에 도내 천주교 신자들을 체포하도록 명을 내리면서 시작되어 그 후임으로 부임한 이태영李泰永과 김이영金履永 등에 이르기까지 지속되었다. 특히 무오(1798)년과 기미(1799)년에 해미, 내포, 정산, 청주 등에서 심했다.

과 같아서, 뒤적이면 뒤적일수록 더욱더 일어납니다. 주상
께서 아무리 금지하려 하셔도 끝내는 어찌하지 못하실 것
입니다."

[52]
初入禁府, 猶自抵賴, 治獄者, 皆平時仇嫉之人, 必欲致之
死地, 自知終不得免, 遂承認本心, 到死不變, 畢命於毒杖
烙刑之下. 時年六十歲, 六人致命前數日也. <u>權哲身</u>亦杖斃,
而不知其善惡死, 容俟採訪.」

　　처음에 금부에 잡혀 들어갔을 때에는 오히려 스스로
변명하며 죄를 인정하지 않았으나, 옥사를 다스리는 자들
이 모두 평상시에 그를 원망하고 시기하던 사람들이라 기
어코 사지에 몰아넣으려고 하므로, 스스로도 끝내는 면할
수 없음을 깨달아서 마침내 본심을 인정하고 죽음에 이르
기까지 변하지 않았으며, 혹독한 매질과 불로 지지는 형벌
을 받다가 그만 목숨이 끊어졌습니다. 이때 나이 60세였
으며, 여섯 사람이 순교하기 며칠 전이었습니다.[60] 권철신

---

60. 여섯 … 며칠전이었습니다 : 음력 1801(순조 1)년 2월 26일에 정약종, 이승훈,
　　홍교만, 최창현, 홍낙민, 최필공 등 여섯 사람이 처형당했고, 이가환은 24일 장살
　　杖殺당했으며, 권철신은 25일에 죽었다.

도 매를 맞고 죽었는데, 그가 선사했는지 악사[61]했는지 모르니, 탐지하여 알아낼 때까지 기다려 주시기 바랍니다.」

[53]

崔伯多祿必悌, 字子順, 多黙之從弟也. 家貧親老, 賣藥爲生, 價廉而材精, 人皆信之. 眞實忠厚之表, 粹然見於顔面, 望而知其賢人也. 多黙志氣高邁, 而常敬憚之, 雖係少年之弟, 事皆諮之而後行, 不敢自專.

　　최베드로 필제는 자[62]가 자순子順이며, 도마(최필공)의 종제(사촌 동생)입니다. 집안이 가난하고 부모님께서 연로하셔서, 약을 파는 것을 생업으로 삼았는데, 값이 싸고 약재가 좋아서, 사람들이 모두 그를 신뢰했습니다. 진실하고 충후한 표정이 그대로 얼굴에 나타나므로, 바라만 봐도 그가 훌륭한 사람임을 알아봤습니다. 도마도 의지가 드높고 기개가 빼어났으나 항상 그를 공경하고 두려워하여, 비록 나

---

61. 악사惡死 : 신앙을 지키지 못한 채 죽는 것으로, 순교를 의미하는 선사善死와 반대되는 말이다.

62. 자字 : 남자가 성인이 되었을 때 웃어른이 붙여주는 이름으로, 태어났을 때 부모님이 지어주는 명名과 구별된다. 보통 개인의 성향이나 덕을 고려하여 만들며, 이름 대신 자字나 호號를 부른다. 윗사람에게 자신을 호칭할 경우에는 본명을 말하지만 아랫사람을 호칭할 경우에는 주로 자를 부른다.

이 어린 아우뻘이었으나 모든 일을 다 그에게 물어 본 다음이라야 실행했고, 감히 자기 마음대로 하지 않았습니다.

[54]

多默有一親弟, 毁斥聖教, 歷詆教友, 而惟伯多祿則不敢譏訕, 常稱天主教中, 惟子順一人, 餘無可取. 神父嘗歎美之曰: "夫婦守貞者, 鮮克有終, 而子順夫婦, 志操愈固, 苦工愈勤, 眞賢人也." 被捕之後, 其父本係外教, 驚憂成疾, 臨終信主受洗而死. 伯多祿在獄聞訃, 訴官請暇. 官命歸葬, 更以言語示其微意, 欲令逃避. 伯多祿不肯從, 葬後赴限入獄, 竟以斬首致命. 年三十二歲.

도마에게는 친동생이 하나 있었는데, 성교를 비방하고 배척하며 교우들을 돌아가며 욕했습니다. 그러나 오직 베드로만큼은 감히 나무라거나 헐뜯지 못했으며, 천주교 중에서 오직 자순(최필제) 한 사람뿐이요, 나머지는 취할 만한 사람이 없다고 칭찬했습니다. 신부님께서도 그에게 탄복하여 칭찬하셨던 적이 있습니다. "부부가 정절을 지키는 것을 끝까지 제대로 해내는 경우가 드문데, 자순 부부는 지조가 갈수록 굳건하고 애쓰는 노력이 갈수록 부지런하니, 참으로 훌륭한 사람들이다." 체포된 뒤에, 그의 아버지는 본래 신자가 아니었지만, 놀라고 걱정하느라 병이 났는데, 죽게 되자 주님을 믿고 세례를 받은 뒤에 돌아가셨습니다.

베드로가 옥에서 아버지의 부음을 듣고 관청에 호소하여 말미를 청했습니다. 관청에서는 돌아가서 장례를 치르도록 하면서, 다시 말로 눈치를 주어 도피하게 하려고 했으나, 베드로는 따르기를 마다하고 장례를 치른 뒤 바로 기한 내에 옥으로 들어가서, 마침내 참수되어 순교했습니다. 이때 나이 32세였습니다.

[55]
嘗與數友, 各言其志曰: "斬首致命, 乃吾至願." 竟如其言. 或傳 '伯多祿不勝杖, 背教, 而官猶不放. 伯多祿復說明受死' 云, 頗未的實, 姑以存疑耳.」

몇몇 벗들과 함께 저마다 자기 뜻을 말했을 때, "참수되어 순교하는 것이야말로 내 지극한 소원"이라고 말한 적이 있는데, 결국 그 말대로 되었습니다. 누군가 전하는 말로는, 베드로가 매를 이기지 못해서 배교했지만, 관청에서 석방하지 않으니, 베드로가 다시 설명하고 사형을 받았

다고 하는데, 아직 그리 확실한 것은 아니어서 잠시 의문
인 채로 두었습니다.」

[56]

金若撖法健淳, 老論大家之冑, 家在京畿道驪州. 先祖尙憲
有大功於國家, 故世襲冠冕, 爲國內甲族. 若撖法生而穎異.
九歲便有學仙之志, 幼時受『論語』於塾師, 至 '敬鬼神
而遠之'之章, 問曰: "當敬, 則不當遠, 當遠, 則不當敬, 而
敬而遠之, 何也?" 其師不能答.

  김요사팟 건순(김건순)은 노론 집안의 주손冑孫(종손)으로
서, 집은 경기도 여주에 있었습니다. 조상인 김상헌金尙憲
(1570~1652)이 국가에 큰 공이 있었기 때문에, 대대로 벼슬
을 이어받아 나라 안에서 으뜸가는 집안이 되었습니다. 요
사팟은 나면서부터 빼어나게 영특했습니다. 아홉 살 때 문
득 선도仙道를 배울 뜻을 가졌고, 어려서 글방 스승에게 『논
어』를 배웠는데, '귀신을 공경하되 멀리하면'[63] 장章에 이
르러 "공경해야 마땅하다면 멀리해서는 안되고, 멀리해야
마땅하다면 공경해서는 안되거늘, 공경하되 멀리하는 것

---

63. 귀신을 공경하되 멀리하면敬鬼神而遠之: 『논어論語』, 「옹야雍也」편에 나오는
   구절이다.

은 무슨 까닭입니까?"하고 물으니, 스승이 대답하지 못했습니다.

[57]

其家素有『畸人十篇』, <u>若撤法喜看之</u>, 十餘歲著『天堂地獄論』, 以明其必有, 稍長博通文學, 經・史・子・集・醫經・地誌, 以至佛・老・兵家之書, 莫不精熱.

　그의 집에는 본래 『기인십편』[64]이 있었는데, 요사팟이 그것을 즐겨 읽었습니다. 열 살 남짓 때는 『천당지옥론』을 저술하여 천당과 지옥이 반드시 있음을 밝혔고, 좀 자라서는 문장과 학문에 두루 능통해서 경전, 역사서, 제자백가, 문집과 의경(의서)과 지리는 물론, 불교와 노자와 병가(병법서)에 이르기까지 꼼꼼하게 공부하지 않은 것이 없었습니다.

64.『기인십편畸人十篇』: 1608년 예수회 선교사 마테오 리치(중국명: 利瑪竇, 이마두)가 중국에서 저술한 작품. 마테오 리치는 이 작품에서 현세의 삶을 사후 '영원한 삶'을 위한 '임시 숙소'로 보고, 덕을 쌓고 하느님께 의지하며 수양해 나가는 자신을 '기인' 즉 '별난 사람'으로 표현하였다. 이 책을 통해 중국 기독교인들과의 신앙에 관한 진지한 대화를 하였다.

[58]

十八遭養父喪. 東國喪服遵用<u>宋</u>儒之制, 頗失古法. <u>若撤法</u>
變而正之, 俗儒駭訝, 貽書責之. <u>若撤法</u>作書答之, 引據該
洽, 文辭霑霈. <u>李家煥</u>見而歎曰: "吾不敢望也."

열여덟 살에는 양아버지 상을 당했습니다. 우리나라
상복은 송나라 유학자의 제도를 그대로 따라 써서 옛 예법
을 상당히 잃어버렸는데, 요사팟이 그것을 고쳐서 바로잡
았더니, 속된 선비들이 크게 놀라며 의아하여 글을 보내서
꾸짖었습니다. 요사팟이 글을 지어 대답했는데, 인용 전
거(근거)가 해박하고 넉넉하면서도 문장이 유창하여, 이가
환이 보고 감탄했습니다. "나는 감히 그 수준을 바랄 수도
없다."

[59]

居家忠信篤敬, 德著鄕里. 家本富饒, 而傾財喜施, 自己衣食,
泊如貧者. 名譽藉甚, 每遊都下, 軒馬輻輳, 皆以一見爲奇.

가정에서 지낼 때는 말이 충실하고 믿음직하며 행실이

독실하고 공손하여[65] 덕망이 고향 마을에 자자했으며, 집안이 본래 넉넉하여 재산을 쏟아서 베풀기를 좋아했으나, 자기가 입고 먹는 것은 가난한 사람처럼 담박(소박)했습니다. 명성이 대단해서 그가 서울에 올 때마다 찾아오는 사람의 가마와 말이 빼곡하게 모여들었으며, 모두 그를 한번 만나 보는 것을 아주 특별한 일로 여겼습니다.

[60]

與李瑪爾定等五六人, 結生死之交, 將欲乘舟泛海, 達于江
·浙, 以至北京, 面晤西師, 多學利用厚生之方, 歸傳于本
國, 因進教不果. 此五六人, 皆爲主致命.

　　그는 이말딩 등 대여섯 사람과 생사를 함께 하는 친교를 맺고, 장차 배를 타고 바다로 나가 강소성과 절강성 지방에 도달하여 북경으로 가서 서양 선교사를 직접 마주 대하고 이용후생[66]의 방법을 많이 배우고 돌아와서 우리나

---

65. 말이 … 공손하여 : 제자 자장의 질문에 대해 공자가 바람직한 언행의 기준을 설명했던 표현을 인용하여 김건순을 평한 것이다. 『논어論語』, 「위령공衛靈公」편에 나온다. 子張問行. 子曰: "言忠信, 行篤敬, 雖蠻貊之邦, 行矣. 言不忠信, 行不篤敬, 雖州里, 行乎哉."

66. 이용후생利用厚生은 조선 후기 실학實學에서 중요한 개념으로, 기술과 학문을 실용적으로 활용하여 백성들의 삶을 풍요롭게 한다는 뜻이다.

라에 전하려고 했지만, 입교했기 때문에 이루지 못했습니다. 이 대여섯 사람은 모두 주님을 위해 순교했습니다.

[61]

時奉教者, 率皆南人, 老論則未有一人. <u>若撤法</u>歆慕縱深, 無門可入, 偶因鄉間敎友, 得見總領天神像, 誤以爲聖敎與 奇門相通, 遂與<u>姜彛天</u>等, 從事奇門. <u>姜彛天</u>者, 少北名士, 而心術不端, 以爲本國必不長久, 將有風雲之會, 學習此術, 以圖乘時進取. <u>若撤法</u>不知而誤交之.

이때 성교를 받드는 자들은 모두 다 남인이었고 노론 은 한 사람도 없었습니다. 요사팟은 성교를 몹시 흠모하 는 마음이 크고 깊었지만, 입교할 방법이 없었는데, 우연 히 시골 교우로부터 총령천신상(미카엘 대천사장의 상)을 얻어 보 고, 성교가 기문[67]과 서로 통한다고 착각하여 마침내 강이 천 등과 함께 기문에 종사했습니다.

강이천은 소북의 이름난 선비였지만 마음 씀씀이가 바 르지 못했습니다. 그는 우리나라가 틀림없이 오래 가지 못

---

67. 기문奇門은 중국 전통 점술 및 병법 체계인 기문둔갑奇門遁甲의 줄임말이다. 기 문둔갑은 고대 중국의 풍수, 점술, 전략등에서 활용된 복합적인 기법으로, 하늘 의 움직임, 땅의 기운, 시간의 흐름을 결합하여 길흉화복을 판단하는 체계이다.

할 것이라 생각하고, 앞으로 어지러운 변화가 일어나면 이 술법을 배우고 익혀서 시세를 타고 정권을 잡으려고 도모 했는데, 요사팟은 그것도 모른 채 그와 잘못 사귀었습니다.

[62]

神父聞其賢, 以書勸之. 若撤法驚動悅服, 盡棄從前所學, 全心歸主. 時年二十二歲. 同時密友, 莫不歸化, 而惟姜彛 天不肯全信. 不數月, 彛天本事綻露, 遂起獄事, 辭連若撤 法, 先王素知其才, 曲爲之保護, 獲免于禍. 領洗後, 熱心熾 然, 遂爲父兄所知, 嚴加禁止, 三四年內, 家窘無時無之, 謗 謗從之而盛.

신부님께서 그가 어질다는 말을 들으시고 편지로 그에 게 (천주교를) 권했습니다. 요사팟이 놀라고 감동하며 기꺼이 승복하여 전에 배우던 것을 모두 버리고 온전한 마음으로 주님께 돌아왔습니다. 이때 나이 스물 두 살이었습니다. 같은 때에 친밀한 벗들이 다 입교했으나, 강이천만은 온전 히 믿으려고 하지 않았습니다.

몇 달이 안되어 강이천의 사건[68]이 탄로나서 마침내 관

---

68. 강이천의 사건 : 1797년 함께 모여서 천주교에 대해 이야기하고 서해에 진인眞 人이 나타난다는 유언비어를 퍼뜨렸다는 죄목으로 강이천, 김건순, 김려 등이 연

련자들이 옥에 갇히는 일이 생겼습니다. 심문 조서에 요사 팟이 연루되었으나, 선왕께서 평소 그의 재주를 알고서 간 곡하게 보호하시어 화를 면하게 되었습니다. 그는 세례를 받은 뒤에 뜨거운 신앙심이 거세게 타올랐으나, 마침내 아 버지와 형제들이 알고 극히 엄하게 금지시켰으므로, 3~4 년 동안 집안에 말썽이 없는 때가 없었으며, 그에 따라 비 방도 더 심해졌습니다.

[63]

若撤法表樣端正沖謙, 如愚下無知者. 以此人愈敬服. 被捕 之緣由·臨難之操持, 未能詳知, 但聞臨刑謂市人曰: "世 間爵位聲名, 都是虛假. 我亦薄有名稱, 亦能仕宦, 而爲其 虛假, 棄而不取. 惟此天主聖敎, 至眞至實, 故爲此死而不 辭. 你等須仔細." 終以斬首致命. 時年二十六歲. 都民莫 不嗟惜.」

요사팟은 겉으로 드러나는 태도가 단정하고 겸손하여, 마치 어리석고 아는 것이 없는 사람처럼 행동했습니다. 이 때문에 남들이 더욱 공경하고 복종했습니다. 체포된 연유

루되어 유배되거나 옥사했던 비어祕語사건을 말한다.

와 고난에 임하는 지조에 대해서는 아직 상세히 알 수 없습니다. 다만 들리는 말로는 처형당할 때 저자 사람들에게 "세상의 벼슬이나 명예는 모두가 헛되고 거짓된 것이오. 나도 조금이나마 명망이 있었고 벼슬도 할 수 있었지만, 그것이 헛되고 거짓된 것이기에 내버리고 취하지 아니했소. 오직 이 천주님의 성교만이 지극히 진실하기 때문에, 이를 위해 죽음도 마다하지 않는 것이니, 여러분도 꼼꼼하게 아셔야 합니다."라고 이르고서, 끝내 참수되어 순교했다고 합니다. 이때 나이 26세였습니다. 서울 사람들이 모두 애석하게 여겼습니다.」

[64]

金伯淳, 王都人, 健淳之族兄也. 家本貧寒, 志切功名. 先祖尙容, 官爲國相. 崇德丙子, 大淸兵陷江都, 尙容義不屈, 自焚死. 因此建祠旌閭. 本國建大報壇於闕內, 祭祀前明萬曆·崇禎兩皇帝, 每年國王率丙子死節人子孫, 行展拜禮, 禮罷設科, 試與祭人, 謂之忠良科. 伯淳獨不與祭曰: "尊周之誠, 不在與祭. 今日與祭者, 專爲希凱科名, 事甚不誠, 吾不爲也."

김백순은 서울 사람으로, 건순의 친척형입니다. 집안

이 본래 가난하여, 공을 세워 이름날 생각은 끊고 있었습니다. 조상인 김상용金尙容(1561~1637)은 벼슬이 정승이었습니다. 숭덕 병자년에(병자호란 때, 1636) 청나라 군대가 강화도를 함락시키자, 상용은 의리를 굽히지 않고 스스로 불에 타 죽었습니다. 이 때문에 (이를 기리기 위해) 사당과 정려[69]를 세웠습니다. 우리나라에서는 대궐 안에 대보단[70]을 세워서 전대前代 명나라의 만력(신종, 1572~1620)과 숭정(의종, 1627~1644) 두 황제를 제사 지냈습니다. 해마다 국왕이 병자년에 죽은 절개있는 사람들의 자손들을 불러 예를 행하게 했고, 예가 끝나면 과거를 베풀어 제사를 지낸 사람들에게 시험을 보게 했는데, 이것을 '충량과'라고 일컬었습니다. 백순은 홀로 제사에 참여하지 않고 말했습니다. "주周나라를 높이는 정성[71]은 제사에 참여하는 데 있는 것이 아닌데, 오늘날 제

---

69. 정려旌閭는 조선 시대에 충신, 효자, 열녀 등의 미덕을 기리기 위해 국가에서 세운 기념 정문이나 비석을 의미한다.

70. 대보단大報壇 : 1704년(숙종 30년) 창덕궁 후원에 세워진 제단으로, 임진왜란 당시 조선을 도운 명나라 신종神宗의 은혜를 기리기 위해 설립되어, 명나라 태조, 신종, 의종 세 황제를 제사 지내는 곳으로 사용되었다. 대보단 제사는 조선 후기의 정치적 상황과 명나라에 대한 의리를 강조하는 의미가 있었으나 1884년 갑신정변 이후 중단되었다.

71. 주周나라를 … 정성 : 고대 중국에서 제후국들이 주나라를 천자국으로 높이는 외교적 의리를, 조선이 명나라를 천자국으로 섬기는 것에 비유한 것이다. 조선 후기에는 명나라가 임진왜란 때 참전해서 조선을 도와준 은혜를 갚아야 한다는 의리사상까지 더하여 명나라를 높이고 청나라를 배격하게 되었다.

사에 참여하는 자들은 오로지 과거에 붙는 명예를 노리고 있으니, 아주 불성실한 일이므로, 나는 하지 않겠소."

[65]

初年隨人毁謗聖教, 亦爲擧子業, 見世途危險, 無心進取, 讀宋儒書, 窮究性理. 又見道理疑晦, 不可全信, 遂讀老・莊之書. 因而悟人死有不滅者存, 刱爲新論, 講說於朋儕之間. 友等誚之曰: "此人議論新奇, 必從西教矣."

처음 몇 해 동안은 남들이 하는 대로 성교를 헐뜯고 비방하면서 과거 공부를 했는데, 세태가 위험함을 깨닫고 벼슬에 나아갈 마음이 없어 송나라 유학자들의 책을 읽고 성리학을 연구했습니다. 그 또한 도리가 의심스럽고 불분명하여 온전히 믿을 수가 없음을 깨닫고 마침내 노자와 장자의 책을 읽었습니다. 그리하여 사람은 죽어도 없어지지 않는 것이 있음을 깨우치고 새로운 이론을 만들어서 친구들에게 강설했습니다. 친구들은 그를 꾸짖었습니다. "이 사람의 논의가 새롭고 기이하니, 틀림없이 서교西敎(천주교)를 따르는 것이리라."

<u>伯淳</u>聞而疑之曰: "我得超人之見, 而人以爲西教, 則西教
必有妙理." 遂與敎友相從, 數年辨論, 確然信服, 嚴守規
誡. 其母亦熱心歸化. 但其妻本來强悍, 常望丈夫之顯達,
一朝絶望, 不勝恚恨, 詬辱備至. 兼之族黨・親友, 咸加毀
罵. <u>伯淳</u>少不撓動. 其母舅自來誘說, 終不能得, 乃曰: "汝
不聽吾言, 當與汝絶交." <u>伯淳</u>曰: "寧與舅氏絶交, 不能
與吾主絶交." 於是友人莫不貽書告絶, 宗族僉議別族, 而
<u>伯淳</u>晏如也, 常曰: "我自認主以來, 心界不動如山." 與
<u>健淳</u>同日被斬, 年三十二歲. 奉敎不久, 故未受洗, 無聖名.」

　백순이 그것을 듣고서 의아했습니다. "내가 남달리 뛰
어난 견해를 얻었는데, 남들이 서교라 하니, 서교에는 틀
림없이 오묘한 이치가 있을 것이다." 마침내 교우들과 서
로 어울려 여러해 동안 변론하고 나서, 굳게 믿고 따르며
계명을 엄격히 지켰습니다. 그의 어머니도 뜨거운 마음으
로 입교했습니다. 그러나 그의 아내는 본래 억세고 사나
와서, 항상 남편이 벼슬로 유명해지기를 바라다가 하루아
침에 희망이 끊어지니, 분하고 억울함을 이기지 못해 온갖
욕을 다 퍼부었습니다. 친척들과 친구들까지 모두 그를 헐
뜯고 꾸짖었습니다. 그러나 김백순은 조금도 흔들리지 않
았습니다.

그의 외삼촌이 몸소 와서 달래고 타일렀으나 끝내 어찌하지 못하고는 말했습니다. "네가 내 말을 듣지 않으면, 너와 절교하겠다." 백순이 말했습니다. "차라리 외삼촌과 절교를 할지언정 우리 주님과 절교할 수는 없습니다." 이에 친구들이 모두 편지를 보내 절교를 통고했고, 그의 종족(친족)들이 모여 그를 문중에서 축출하기로 했으나, 김백순은 태연했습니다. 항상 "내가 몸소 주님을 알게 된 이후 마음의 형편이 산처럼 침착했습니다.[72]"라고 말했는데, 건순과 같은 날에 참형을 당하니, 나이 32세였습니다. 성교를 받든 지 얼마 되지 않았기 때문에, 미처 세례를 받지 못하여 세례명이 없습니다.」

[67]

<u>李喜英路加</u>, <u>若撒法</u>之密友, 先居<u>驪州</u>, 後移都下, 本來工畵, 善摹聖像, 亦以斬首致命.」

---

72. 산처럼 침착했습니다 : 『손자병법孫子兵法』, 「군쟁軍爭」편에 나오는 '풍림화산風林火山' 중 산山처럼 침착한 태도를 인용한 것이다. 손자가 군대를 운용하는 방법은 '바람'처럼 날쌔고 '숲'처럼 고요하며 '불'처럼 맹렬하게 공격하고 '산'처럼 침착하게 수비하며 '그늘'처럼 알기 어렵게 하고 '천둥 벼락'처럼 움직이는 것이다. "其疾如風, 其徐如林, 侵掠如火, 不動如山, 難知如陰, 動如雷霆."

이희영李喜英 루가(1756~1801)는 요사팟의 가까운 친구로서, 처음에 여주에서 살다가 나중에는 서울로 이사했다. 본래 화공으로 성상聖像을 아주 잘 베껴 그렸는데, 또한 참수되어 순교했습니다.」

[68]

洪斐理伯弼周, 葛隆巴之前室子也. 性本良善, 隨母進教, 未能勤謹, 陪奉神師之後, 一年之間, 判作異人, 人皆驚異, 在家常爲輔祭. 被捕入獄, 官問神父之事, 治以毒刑. 斐理伯忍受不招, 竟至斬決, 年二十八歲.」

홍필립보 필주洪弼周(홍필주 1773~1801)는 골룸바의 전실(전처)이 낳은 아들입니다. 성품이 본래 어질고 착해서 계모를 따라 입교했으나 부지런히 신앙생활을 하지는 못했는데, 신부님을 모시고 나서 1년 동안 아주 딴 사람이 되어 사람들이 모두 놀라고 기이하게 여겼으며, 집에서는 항상 복사로서 미사를 도왔습니다. 체포되어 감옥에 들어가니, 관리가 신부님의 일을 묻고 혹독한 형벌로 다스렸으나, 필립보는 괴로움을 참고 견디며 끝내 실토하지 아니하여, 마침내 참형을 당하기에 이르렀으니, 나이 28세였습니다.」

[69]

<u>姜葛隆巴</u>, 一名家女子也, 才辨剛勇, 志趣高尚. 少小閨閤
之中, 已有作聖之想, 而不明門路, 隨人念佛. 十餘歲, 知識
稍開, 見其詭誕難信, 不復從事. 長爲<u>德山洪芝榮</u>繼室, 丈
夫庸下不稱意, 尋常鬱怕, 恒存離塵絶俗之願.

　　강골롬바는 일명一名(서얼) 가문의 딸로서, 재능과 논리적
사고력이 있었고 굳세고 용감했으며 생각과 취향이 고상
했습니다. 규중에서 지냈던 어린 시절부터 이미 성인聖人이
되려는 생각을 가지고 있었으나, 방도를 몰라 남들이 하는
대로 염불을 했습니다. 열살이 넘어 지식이 약간 열리자,
불교가 허망하여 믿기 힘들다는 것을 깨닫고서 다시는 따
르지 않았습니다. 장성해서는 덕산의 홍지영의 후처가 되
었는데, 남편이 용렬하여 도무지 마음에 맞지 않아서, 늘
우울하고 답답하여 언제나 속세를 떠나고 싶은 소원이 있
었습니다.

[70]

<u>湖中</u>聖教初開, <u>葛隆巴</u>聞天主教三字, 自忖曰: "天主者,
天地之主也. 教名旣正, 道理必眞." 求書一見, 傾心信服.
其聰明勤敏, 熱心克己, 卓乎難及, 勸化全家, 旁及隣里. 但

芝榮全無主見. 其妻勸之, 則諾諾而從, 惡黨毀之, 則唯唯
而信. 其妻責之, 則泣涕悔罪, 惡友又來, 則卽復如前. 葛隆
巴盡力無靈, 知其不可與同事. 辛亥之窘, 本鄕擾亂, 遂付
田庄於丈夫, 挈子女而上京, 池撤巴之行, 多所參贊. 乙卯
領洗, 神父一見甚喜之, 定爲會長, 付以料理女友之任.

호중(충청도)에 성교가 처음 들어오자, 골롬바는 '천주교
天主敎'라는 세 글자를 듣고 스스로 짐작했습니다. "천주는
하늘과 땅의 주인이다. 교敎의 이름이 이미 바르니, 도道의
이치도 틀림없이 참될 것이다." 책을 구하여 한번 읽어보
고는 마음을 기울여 믿고 따랐습니다. 그 총명함과 부지런
함, 열심으로 자신을 절제하고 욕망을 극복하는 태도가 뛰
어나 남들이 따라가기 어려웠으며, 온 집안을 권유하고 교
화하여 이웃 마을들에도 두루 미쳤습니다. 그러나 홍지영
은 주관이 전혀 없었습니다. 그 아내가 권하면 "그래, 그
래" 하면서 따랐다가, 나쁜 무리가 헐뜯으면 "옳아, 옳아"
하면서 믿었습니다. 그 아내가 나무라면 눈물을 흘리며 죄
를 뉘우치다가, 나쁜 친구가 또 오면 곧바로 다시 전과 같
아졌습니다. 골롬바는 아무리 힘을 다해도 아무런 효과가
없자, 그와는 일을 함께 할 수 없음을 깨달았습니다.

신해박해 때(1791) 고향이 소란스러워지자, 마침내 논밭

과 집을 남편에게 맡기고 자녀를 이끌고 서울로 올라와서 지사바池瑲(지황 ?~1795)가 하는 일[73]에 관여하며 도움을 많이 주었습니다. 을묘(1795)년에 세례를 받았는데, 신부님께서 언뜻 보고 매우 기뻐하며 회장으로 임명하여 여자 교우들을 돌보는 책임을 맡겼습니다.

[71]

五月之難, 首倡躱避之計, 獨自周旋, 藏神父于本家, 盡力防護, 以致捕差到門空還. 難後神父定居其家, 六年之內, 敎中要務, 咸厥贊助, 神父寵任甚隆, 無人可擬.

5월의 박해 때는 피신할 계획을 가장 먼저 주장하고 혼자 주선하여 신부님을 자기 집에 숨겨 두고 힘을 다해 막고 보호함으로써 포졸들이 문 앞까지 왔다가 그냥 돌아가게 했습니다. 박해 뒤에 신부님께서 아예 그 집을 거처로 정했으며, 6년 동안 성교의 중요한 사무는 모두 그가 도왔으므로 신부님의 총애와 신임이 몹시 커서 아무도 견줄 만한 사람이 없었습니다.

---

73. 여기서 지사바가 하는 일이란 조선과 북경을 왕래하며 교회 관련 연락을 취한 일을 말한다.

葛隆巴內奉神父, 起居·服食, 咸稱其宜, 外理教務, 經營·酬應, 未嘗少懈. 多聚童女, 訓誨成就, 分行各家, 勸人信主, 自己亦周巡勸化, 夜以繼晝, 鮮有安眠之時. 而道理貫通, 言辭辨給, 化人最多, 處事剛斷有威, 人皆畏憚. 被捕到官, 官問神父蹤跡, 周紐六次, 不動聲氣. 兩旁惡役曰: "此神耳, 非人也." 終以斬首致命, 年四十一歲.」

골룸바는 안으로는 신부님을 받들어 거처, 의복, 음식이 다 적절하도록 챙겼으며, 밖으로는 성교의 사무를 처리하여 교회의 운영과 연락을 조금도 게을리 한 적이 없었습니다. 처녀들을 많이 모아 가르쳤고, 교육이 완료되면 집집마다 나누어 찾아다니며 주님을 믿도록 사람들에게 권유하게 하고 스스로도 두루 돌아다니며 밤낮으로 권유하고 교화시키느라 편안하게 잠들 때가 드물었습니다. 도리에 통달하고 말솜씨도 뛰어나서 교화시킨 사람이 가장 많았으며 일처리가 과단성 있고 위엄이 있어, 사람들이 모두 두려워했습니다.

체포되어 관청에 이르자, 관리가 신부님의 종적을 물으면서 주리를 여섯 번이나 틀었는데도 음성과 기색이 침착하니, 양쪽의 형리들이 말했습니다. "이것은 귀신이지, 사람이 아니다." 마침내 참수되어 순교했는데, 이때 나이

41세였습니다.」

[73]

先王有庶兄一人, 其子謀逆而死, 先王放之江島. 擧國請誅,
而先王不許, 其妻及子婦, 留在舊宮. 辛亥・壬子之間, 有
一女教友, 憐而勸化. 人皆以爲禍機在此, 不欲交通, 而葛
隆巴進之, 旣領聖事, 又入明會, 知其事者, 莫不憂悶. 至是
發覺, 賜藥自盡, 江島罪人未嘗奉教, 而因連坐, 并賜藥殺
之. 兩婦人姓與聖名未詳, 崔伯多祿以下諸人致命日子并
未詳.」

　선왕에게는 서형[74] 한 사람이 있었는데, 그 아들이 역
모로 죽자, 선왕께서 서형을 강화도로 귀양보냈습니다. 온
나라가 죽이라고 청했으나, 선왕께서 허락하지 않으시고
그 아내와 며느리를 옛날에 살던 궁에 머물러 있게 했습니
다. 신해년(1791)과 임자년(1792) 무렵에 한 여교우가 그들을

---

74. 서형庶兄 : 은언군恩彦君(1755~1801) 이인, 장조莊祖(장헌세자)의 서자庶子이
　　자 정조의 서형이며 철종의 조부이다. 정조의 측근이었던 홍국영이 그 누이동생
　　을 정조의 후궁인 원빈으로 들였으나 1780년에 죽자 은언군의 장자 담湛을 원빈
　　의 양자로 삼아 왕위를 잇게 하려고 했다. 1786(정조 10)년 아들 담이 모반죄로
　　유폐당하자, 은언군도 강화도에 이주하였다. 신유박해 때 처 송宋씨와 며느리 신
　　申씨가 주문모 신부에게 영세 받은 일 때문에 송씨, 신씨와 함께 1801년 사사되
　　었다. 손자 원범元範이 철종哲宗으로 즉위한 뒤 신원되었다.

불쌍히 여겨 권유하여 교화시켰습니다. 남들은 모두 환난의 계기가 여기에 있을 것이라고 생각하여 그들과 서로 만나지 않으려고 했지만, 골룸바가 나서서 그들이 성사를 받도록 주선하고 명도회에도 가입시키니, 그 일을 아는 사람들은 모두 근심하고 걱정했습니다.

그러다가 발각되니, 그들에게 사약을 내려 스스로 목숨을 끊게 했고, 강화도의 죄인(은언군)은 성교를 신봉한 적이 없었으나 이 일을 빌미로 연좌시켜 아울러 사약을 내려 죽였습니다. 두 부인의 성과 세례명[75]도 잘 모르겠고, 최베드로 이하 여러 사람들이 순교한 날짜도 잘 모르겠습니다.」

[74]

<u>趙伯多祿</u>, <u>楊根</u>人也. 其父鰥居窮困, 力農資生, 而<u>伯多祿</u>年近三十, 不冠不娶, 疲癃孱弱, 外貌無足可觀, 更兼昏於俗事, 人皆嘲笑之, 不數之, 遊學於<u>丁奧斯定</u>之門, <u>奧斯定</u>獨稱其大熱心.

조베드로(조용삼 ?~1801)는 양근 사람입니다. 그 아버지가 홀아비로 곤궁하게 살면서 힘들게 농사지어 생계를 꾸리

---

75. 은언군의 처 송宋씨와 며느리 신申씨의 세례명은 모두 마리아다.

느라, 베드로는 나이 서른에 가깝도록 관례(성인식)도 못했고 혼인도 못했습니다. 곱사등이에 파리하고 허약하여 외모도 보잘 것이 없는데다 세상일에도 어두워서 남들이 모두 비웃으며 그를 사람 취급하지 않았으나, 정아오스딩의 문하에 가서 공부했는데, 정아오스딩만은 그가 대단히 열심이라고 칭찬했습니다.

[75]

庚申四月, 與其父偕往驪州李瑪爾定村, 瑪爾定被捕時, 父子同參, 到官不屈. 官怒曰: "汝不從命, 當搏殺汝父." 取其父, 當面毒打. 伯多祿不得已, 說出背教言語, 蒙放出門, 瑪爾定等提醒勸勉, 伯多祿回心悔罪, 復入官說明. 官大怒, 嚴囚不放. 每經刑訊, 他人或受例杖, 惟伯多祿最多最酷. 蓋本官見其爲人, 心甚輕之, 以爲如此人, 容易受降, 而不意反甚堅固, 故憎恨特深, 必欲殺之.

경신년(1800) 4월에 그 아버지와 함께 여주 이말딩의 마을에 갔다가 말딩이 체포될 때 부자가 같이 붙잡혔는데, 관청에 이르러서도 굴복하지 않았습니다. 관리가 성내며 "네가 명령을 따르지 않으면 네 아비를 때려 죽이겠다."고 말하고는 그 아버지를 끌어다가 그가 보는 앞에서 혹독하게 때렸습니다. 베드로가 어쩔 수 없이 배교한다는 말을 하고 석방되어 옥문을 나오는데, 말딩 등이 깨우치고 권면하자 베드로는 마음을 돌이켜 죄를 뉘우치고 관청에 다시 들어가 자기 신앙을 분명하게 말했습니다. 관리가 크게 성나서 엄중하게 가두고 석방하지 않았습니다. 형신(고문)을 당할 때마다 다른 사람들은 예사로운 매를 맞았으나, 베드로만은 가장 많이 가장 혹독하게 매를 맞았습니다. 담당 관리가 그의 사람됨을 보고 마음 속으로 몹시 업신여겨 '이 사람의 경우에는 쉽게 항복 받을 수 있으리라'고 생각했는데, 뜻밖에도 도리어 아주 굳건했기 때문에 미움이 특히 심하여 기어코 죽이려고 했던 것입니다.

[76]
在獄十一朔, 嘉言善行甚多, 忘不能細述, 後當查實. 獄中受代洗. 辛酉二月, 官復嚴刑拷訊, 迫令背敎, 答曰: "天無二主, 人無二心. 一死之外, 無辭可告." 官復命下獄, 數日後絶命於獄中, 時二月十四日也.」

옥에 갇힌 지 열 한 달 동안 아름다운 말씀과 착한 행실이 아주 많았으나, 잊어버려서 자세히 기록하지는 못하오니, 뒷날 사실을 조사해야 합니다. 그는 옥중에서 대세[76]를 받았습니다. 신유(1801)년 2월에 관리가 다시 엄한 형벌로 고문하면서 억지로 배교하기를 명했는데, 그는 "하늘에는 두 주님이 없고 사람에게는 두 마음이 없소.[77] 한 번 죽는 것 밖에는 더 할 말이 없소."라고 대답했습니다. 관리가 다시 옥에 가두라고 명령한 지 며칠 뒤에 옥중에서 목숨이 끊어지니, 때는 2월 14일이었습니다.」

[77]

李類斯以湖中傳教之罪, 斬於公州, 而此人尙在背教中, 未知臨死之如何. 或傳其善死, 而未敢遽信. 定山及禮山, 各有致命者一人云, 而亦不知爲誰某.」

이루도비코李存昌(이존창 1752~1801)는 호중(충청도)에 전교한 죄로 공주에서 참형을 당했는데, 이 사람은 그때까지도 배

---

76. 대세代洗 : baptismus simplex(privatus). 세례를 베풀 수 있는 사제를 대신하여 예식을 생략하고 영세를 베푸는 것인데, 조선시대 박해시기에는 상황상 사제 대신 평신도가 대세를 많이 베풀었다.

77. 하늘에는 … 없소 : 전통적으로 왕의 권위를 하늘의 태양에 견주던 표현을 유일신 신앙과 순교를 각오하는 신앙심에 맞게 바꾼 것이다. 본래 표현은 "하늘에는 두 해가 없고, 땅에는 두 왕이 없다"天無二日, 土無二王.는 것이었다. 본래 표현은 『맹자孟子』「만장萬章」편과 『예기禮記』「방기坊記」, 「증자문曾子問」 등에 나온다.

교 중이었으며, 죽을 무렵 어찌했는지는 모르겠습니다. 더
러는 그가 선사(殉敎)했다고 전하지만, 감히 성급하게 믿을
수는 없습니다. 정산과 예산에도 각각 순교한 사람이 한
사람씩 있었다고 말하는데, 역시 누구인지는 알 수가 없습
니다.」

[78]

全羅道辛亥以後, 十年無窘, 教友頗多. 四月初, 全州柳奧
斯定·高山尹方濟各等二百餘人被捕. 惟金堤貧士姓韓
的, 及全州常人姓崔字汝謙者, 兩人剛毅, 斬首致命, 餘皆
被屈. 京·鄉背教人, 皆竄流遠方, 厥數甚多, 而柳奧斯定
兄弟及尹方濟各, 以領袖之故, 不卽定配, 移囚上京, 金多
黙被捕時, 自說往來之事, 因此亦移囚上京, 尙未知或死
或竄.

전라도는 신해(1791)년 이후 10년 동안 박해가 없어서
교우들이 제법 많아졌습니다. 4월초에 전주의 류아오스딩
柳恒儉(류항검 1756~1801), 고산의 윤방지거尹持憲(윤지헌 1764~1801)
등 2백여 명이 체포되었는데, 오직 김제의 가난한 선비 한
씨韓正欽(한정흠 1755~1801)와 전주의 평민 최씨로 자字가 여겸
인 자崔汝謙(최여겸 1762~1801) 두 사람은 의지가 굳건해서 참수

되어 순교했고, 나머지는 모두 굴복했습니다. 서울과 지방에서 배교한 사람들은 모두 먼 지방으로 귀양가서 그 숫자가 아주 많았는데, 류아오스딩 형제와 윤방지거는 지도자였기 때문에 곧바로 유배시키지 않고 서울로 옮겨 가두었으며, 김도마는 체포되었을 때 왕래했던 일을 스스로 말했으므로, 이 때문에 역시 서울로 옮겨 가두었으나, 죽었는지 귀양갔는지는 아직 모르겠습니다.

[79]

外敎傳言, 正刑及獄中致斃者, 合三百餘人, 外鄕不與焉. 朝鮮開國後, 殺人之數, 未有甚於今歲, 未知其信否. 又未知浪死者爲誰, 致命者幾人. 朝廷之必欲盡殺者, 地位高能文字之人. 愚鹵賤人, 或知而故遺, 或治而不嚴, 都下常人, 頗有存者.」

천주교인 아닌 자들이 전하는 말로는, 정식으로 처형된 사람과 옥중에서 죽은 자가 모두 합쳐 3백여 명인데, 지방은 여기에 포함되지 않았다고 합니다. 조선이 개국한 뒤에 사람을 죽인 수가 올해처럼 많았던 해는 없었지만, 믿을 만한지 아닌지는 잘 모르겠습니다. 또한 이름없이 사라져 죽은 자가 누구인지, 순교한 자가 몇 명인지도 잘 모르겠습니다. 조정에서 기어코 죽이려고 하는 자는 지위가 높고 글을 잘하는 사람들입니다. 어리석고 천한 사람은 알더라도 모른 체 내버려두고 취조하더라도 엄하게 하지 아니하여, 서울의 평민들은 목숨을 보전한 사람이 제법 있습니다.」

[80]
二月望前事, 皆罪人親見者, 頗爲詳悉, 以後事, 但憑傳說得聞, 故甚爲疎略. 致命人事蹟, 傳聞的實者及平昔稔知者, 略爲記述, 而不過梗槩而已. 其餘不敢妄錄. 然其中尙恐有未實者, 更當詳査.」

2월 보름날 전의 일은 모두 죄인들이 직접 본 것들이라서 상당히 자세하지만, 그 뒤의 일은 다만 소문으로 전하는 말을 얻어들은 것이기 때문에 상당히 간략합니다. 순교한 사람들의 행적은 전해 들은 사실과 평소에 잘 알고 있는 것을 간추려 적은 것이라서 대강에 지나지 않을 뿐이며, 그 나머지는 감히 함부로 기록하지 못했습니다. 그러나 그 가운데 오히려 참되지 못한 점이 있을까 두려우니,

다시 자세히 조사해 보아야 합니다.」

[81]

本神父自乙卯後, 常住葛隆巴家, 間或巡歷別所, 而獨葛隆
巴知之, 他無與知者. 及窘難起, 有一男教友, 見事勢危急,
恐難保全, 徑往外鄕, 尋見隱居之敎友, 預備兩處妥當之所,
再上京, 見葛隆巴, 懇請一謁神父, 欲爲保護躱避之計. 葛
隆巴曰: "已得安身之所, 不必更爲遷動." 此友屢請不得,
沒奈何空還. 五六日後, 禍機越大, 此友恐波及, 挈家遠避.

　　우리 신부님은 을묘(1795)년 이래 골룸바의 집에 상주
하면서 가끔씩 다른 곳을 돌아다니셨는데, 오직 골룸바만
이 그 일을 알았고 다른 사람은 아무도 아는 이가 없었습
니다. 박해가 일어나자, 어떤 남자 교우가 일의 형세가 위
급한 것을 보고 신부님께서 몸을 온전히 보전하기 어려울
까 염려하여, 바로 지방으로 내려가서 숨어사는 교우를 찾
아보고, 피신하기에 마땅한 곳 두 군데를 마련했습니다.
그런 다음 다시 서울로 올라와 골룸바를 만나서 신부님을
보호하여 피신시킬 계획을 작정하고 신부님을 한번 만나
뵙기를 간청했습니다. 골룸바는 "이미 안전한 곳을 얻었
으니, 구태여 다시 옮겨갈 필요가 없다"고 말했습니다. 이

교우는 여러번 청하고도 만나뵙지 못한 채 어쩔 수 없이 그냥 돌아갔습니다. 5~6일 뒤에 화가 일어날 기미가 더욱 커지자, 이 교우는 여파가 미칠까 염려하여 가족을 이끌고 멀리 피했습니다.

[82]

丁<u>奧斯定</u>到官不招, 官又捕<u>葛隆巴</u>母子, 嚴刑鞠問, 亦皆抵死不招. 官取其婢子, 周紐詰問. 婢子不耐刑, 從實直招, 并告年甲·相貌. 官謂<u>葛隆巴</u>曰: "爾婢已招. 爾不得終諱, 須告此人所往處." 答曰: "此人先時果在我家, 離去已久. 今不知其處矣." 於是出榜懸賞, 摹寫容貌, 遍求於外鄉.

정아오스딩이 관청에 잡혀와서 진술하지 않으니, 관리가 또 골룸바 모자를 체포해서 엄중한 형벌로 국문했는데, 그들도 모두 죽음을 무릅쓰고 진술하지 않았습니다. 관리가 그 계집종을 잡아다가 주리를 틀어 문초하니, 계집종이 그 형벌을 견디다 못해 사실대로 바르게 진술하고, 아울러 신부님의 나이와 얼굴 생김새를 알려주었습니다. 관리가 골룸바에게 "네 계집종이 이미 다 불었다. 네가 끝까지 숨기지 못할 것이니, 이 놈(신부)이 간 곳을 대라"고 말했습니다. 골롬바가 "이 분이 전에는 우리 집에 계셨지만, 떠나간 지 이미 오래입니다. 지금은 그 분이 계신 곳을 모르겠습니다."고 대답했습니다. 이에 현상수배하고 용모를 베껴 그려서 각 지방을 두루 탐문했습니다.

[83]
三月中神父自首,【未知往於誰家‧因何自首, 并未詳自首日子.】 直入禁府衙門, 吏卒驚問何人. 答曰: "我亦奉主教之人. 今聞朝廷嚴禁, 多殺不辜, 生旣無益, 故自來求死." 擁入官前, 知係神父, 遂下獄拘囚, 只鎖兩足, 不可刑訊.

3월에 신부님께서 자수했는데,【누구 집에서 갔는지, 무슨 까닭으로 자수했는지도 모르겠고, 아울러 자수한 날짜도 잘 모르겠습니다.】 곧바로 의금부로 들어가니, 관리들과 병졸들이 놀라서 누구냐고 물었습니다. 신부님께서 대답했습니다. "나도 주님의 가르침을 받드는 사람입니다. 지금 듣건대, 조정에서 성교를 엄중하게 금지하여 죄 없는 사람을 많이 죽이므로, 살아본들 아무런 도움도 되지 않기 때문에 스스로 와서 죽기를 구하는 것이오." 나졸들이 붙잡아 관리 앞으로 들어가니, 신부임을 알아차리고는 마침내 옥에 넣어 잡아 가두었는데, 다만 양쪽 발에 족쇄를 채우고 형신(고문)은 하지 않았습니다.

[84]

在獄之時, 文字問答甚多云, 而皆不得見. 但聞外教傳言, 自首者, 自稱西洋人. 先此, 六人之死, 論以逆律. 神父自現之後, 都民相傳: "西士在獄, 辨明天主教人之非逆賊." 又傳: "西士不肯就死, 盡說自己所欲言者, 然後方請受死." 此等傳說, 以不虛矣.

신부님께서 옥에 갇혀 있을 때 문자로 문답한 것이 매우 많다고들 하는데, 하나도 얻어볼 수가 없었습니다. 다만 교인이 아닌 이들이 전하는 말로는 자수한 사람이 스스로 서양 사람이라고 했답니다. 이보다 앞서 여섯 사람의 죽음은 반역죄로 처단된 것입니다. 신부님께서 자수한 뒤에 서울 사람들 사이에 이런 말이 전해졌습니다. "서양 선교사는 옥중에서 천주교인은 역적이 아니라고 변명했다." 또 "서양 선교사는 그냥 죽음을 당하려 하지 않고 자기가 하고자 하는 말을 모두 다 한 다음에야 죽음을 맞기를 청하려고 했다."는 말도 전해집니다. 이런 소문은 빈 말이 아닌

듯합니다.

四月望後, 朝廷命御營大將, 行軍門梟示.【死罪次刑】 大
將稱病, 三日不出, 三日後, 遞罷病官, 出新官行刑. 將出獄,
如加刑問一次,【杖膝三十度.】 過市曹, 遍顧觀者, 稱渴
索酒. 軍卒捧上一盃. 飮之盡, 遂赴城南十里演武場.【江
上沙場地名露梁.】 貫矢於耳, 軍卒授罪案使之看. 所書頗
多, 而從容看畢, 引頸受刑. 時四月十九天主聖三占禮日申
時也. 斬訖, 忽然大風驟起, 黑雲漫空, 雷電轟爗, 都民莫不
驚惶. 時一敎友在三百里外行路, 一敎友在四百里外避難,
見風雷異常, 意者此日必有怪事, 牢記日子, 後聞神父致命,
正此日此時也.

4월 보름 이후 조정에서는 어영대장에게 명해서 신부
님을 군문에 효수[78]【사형에 준하는 형벌】하도록 했지만,
대장이 병을 핑계로 사흘을 나오지 않자, 사흘 뒤에는 병
든 관리를 파면하고 새로운 관리를 임명하여 형을 집행했
습니다. 옥에서 끌어내려 할 무렵 마지막으로 한 차례 형
벌을 가했습니다.【곤장으로 무릎을 30대 때렸습니다.】 신

---

78. 효수梟首: 참수한 후 머리를 걸어 두어 본보기로 삼는 형벌

부님은 저잣거리를 지나가다가 구경꾼들을 두루 둘러보면서 목이 마르다며 술을 찾으니, 군졸들이 술 한 잔을 바쳤습니다. 그것을 다 마시고 나서 마침내 성 남쪽 10리 밖의 연무장으로 갔습니다.【강가의 모래밭으로, 지명은 노량입니다.】 귀에 화살을 꿰고 군졸이 범죄사건기록을 주어 그분이 읽어 보게 했습니다. 기록된 것이 상당히 많았으나, 조용히 읽어 보기를 마치고 목을 늘여 형벌을 받았습니다. 이때가 4월 19일 천주성삼첨례일[79] 신시申時(오후 3~5시)였습니다. 목을 베자, 갑자기 큰 바람이 거세게 일었고 먹구름이 하늘을 덮었으며 천둥이 치고 번개가 번쩍거려서, 서울 사람들이 모두 겁내며 두려워했습니다. 이때한 교우는 3백리 밖에서 길을 가고 있었고, 한 교우는 4백리 밖에서 박해를 피했는데, 바람과 천둥이 이상한 것을 보고서 아마도 이날 틀림없이 무슨 괴이한 일이 있으리라고 생각하고 날짜를 기억해 두었는데, 나중에 들으니, 신부님께서 순교한 것이 바로 이 날 이 시간이었습니다.

---

79. 천주성삼첨례일天主聖三占禮日 : 삼위일체대축일三位一體大祝日. 성부, 성자, 성신 삼위일체 하느님을 흠숭하며 봉헌하는 축일.

懸首五日, 晝夜防守, 不許人近傍, 隨後大將命瘞之, 依
舊嚴守. 敎友潛識葬處, 以圖日後遷窆. 有惡官奏曰: "此
人不當瘞. 請命暴露." 大妃允之. 先時命瘞之大將諫曰:
"旣已瘞之, 何必乃爾?" 事得已, 而守墓軍卒, 厭其苦守,
潛移別處, 敎友們暗地遍尋, 至今不得.

　신부님의 머리를 닷새 동안 매달아 두고 밤낮으로 지켜
서 사람들이 가까이 다가가지 못하게 했습니다. 나중에 어
영대장이 묻으라고 명했으나, 여전히 엄중히 지켰습니다.

　교우들은 묻힌 곳을 몰래 알아두었다가 며칠 뒤에 옮
겨서 장사지내려고 했습니다. 그러나 악질 관리가 상소를
올려 "이 사람은 묻어주어서는 안됩니다. 부디 파내서 땅
에 놔두고 비바람을 맞게 하소서!" 하자, 대비께서 그것을
윤허하셨습니다. 앞서 묻으라고 명했던 대장이 "이미 묻
어 버린 것을 어찌 기어코 그리 하신단 말입니까?"라고 간
언하니 일이 마무리되었는데, 무덤을 지키는 군졸들이 힘
들게 지키는 것을 꺼려서 몰래 딴 곳으로 이장했습니다.
교우들이 몰래 묻은 곳을 두루 찾아보았으나, 여태껏 찾지
못했습니다.

行刑時, 宣言曰: "此濟州人也." 盖不奏聞中朝, 所以掩
跡也. 神父致命後, 窘難大勢稍減, 而譏捕未嘗斷絶, 獄中
拘囚者尚多. 或言: "當斬者, 復有九人." 傳聞之言, 未知
虛實.」

(신부님에 대한) 형을 집행할 때 관리가 "이 사람은 제주 사
람이다"라고 선언했습니다. 중국 조정에 보고하지 않은
것은 종적을 덮어버리려고 했던 것입니다. 신부님께서 순
교한 뒤에 박해의 큰 형세가 차츰 수그러들었으나, 사찰과
체포는 끊어진 적이 없어서 옥에 갇힌 사람이 아직도 많습
니다. 어떤 사람은 "참형을 당할 자가 아홉 사람이 더 있
다"고 하는데, 전해 들은 말이라서 헛소문인지 사실인지
아직 모르겠습니다.」

本神父到東之初, 便有告變者, 已爲先王所知, 故七年之中,
無時不小心畏約, 未敢廣行聖事, 沾恩者本不多, 而太半是
女友, 外鄕敎友及都下常人, 熱心者不少, 受恩者絶稀. 此
輩皆忍受多苦, 積年殷望, 時勢不便, 故雖私室之中, 不敢
開口說神父二字, 不意反爲惡人所害, 承顔於懸首之後, 十

載苦誠, 一朝歸虛, 神形至並亡之境, 生死無可依之所, 莫
不喪情失志, 不知所爲.

    우리 신부님께서 우리나라에 오시자마자 곧바로 고발
한 자가 있어서 이미 선왕께서 알게 되었기 때문에, 7년
동안 조심하며 두려움에 움츠리지 않은 때가 없었고, 감히
성사를 널리 행하지 못해서 은혜를 입은 사람이 본래 많지
않았습니다. 그 중 태반이 여자 교우였으며, 지방의 교우
들과 서울의 평민 중에 열심인 자가 적지 않았으나, 은혜
를 받은 사람은 극히 드뭅니다. 이들은 모두 많은 괴로움
을 참고 견디며 여러 해 동안 크게 기대했지만, 시세가 편
치 않아서 비록 개인 방 안이라도 감히 입을 열어 '신부'라
는 두 글자를 말하지 못했습니다. 그러다가 뜻밖에도 도리
어 악한 사람들에게 해를 당하여 머리를 매단 다음에야 신
부님의 얼굴을 뵈니, 10년 동안 애쓴 정성이 하루아침에
헛일로 돌아가 버려 영혼과 육체가 나란히 없어질 지경에
이르렀으며, 생사를 의지할 만한 곳이 없어져서 모두 상심
하고 실망하여 어찌할 바를 몰랐습니다.

[89]

罪人等雖安慰之曰: "父師之來, 專爲救人, 豈不欲博施廣
濟? 奈緣阻碍之多端, 忍愛莫發, 今旣致命, 在天主保之力,
必大勝於在世時. 吾儕之托賴・你等之盼望, 正該加倍於
前日, 不可有絲毫失望之志." 伊等將信將疑, 且悲且慰.
如此光景, 恐是振古所無. <u>太西</u>昔年之窘, 其慘毒則有甚於
今日此土, 然神司相繼, 聖事不絶, 故聖敎不爲淪亡, 生靈
盡行拯濟. 東土則時勢逈異, 萬無此望. 綿羊失牧, 猶能茁
長, 乳兒喪母, 尚冀生全, 罪人等則百爾思之, 實無生路矣.

죄인들(우리들)이 그들을 다독이며 위로했습니다. "신부
님께서 오신 것은 오로지 사람을 구제하기 위한 것인데,
어찌 널리 베풀고 구제하려고 하지 않으셨겠습니까? 그러
나 갖가지 장애로 사랑을 참고 드러내지 못하셨는데, 이제
는 이미 순교하셨으니 하늘에서 주보主保(수호)하는 힘이 반
드시 이 세상에 계실 때보다 훨씬 나을 것입니다. 우리들
이 의지하는 것과 당신들이 바라는 것이 모두 전날보다 갑
절이나 더할 것이니, 털끝만큼도 실망하는 생각이 있어서
는 안 됩니다." 그들은 믿어야 할지 의심해야 할지, 슬퍼
하기도 하고 위안받기도 했습니다. 이러한 광경은 옛날에
도 없던 것인 듯합니다. 옛날 태서太西(유럽)의 박해는 그 참
혹함이 오늘날 이 땅보다 더 심했지만, 성직자들끼리 계

승해서 성사가 끊어지지는 않았기 때문에 성교가 멸망하지 않고 생령들(신자들)이 모두 구제받았습니다. 동쪽 땅(조선)에서는 시세가 너무도 달라서 그런 희망이 전혀 없습니다. 양들은 목자를 잃고도 오히려 풀을 뜯어먹으며 자라고, 젖먹이는 어머니를 잃고도 오히려 온전히 살아나기를 바랄 수 있지만, 죄인들은 아무리 많이 생각해 봐도 실제로 살길이 없습니다.

결론

[90]

罪人等生於終古幽暗之區, 幸爲天主之人, 常思殫竭心力, 顯揚主名, 以報特恩之萬一, 那知中道, 遽遭此境? 曾聞 '致命之血, 爲斯敎之種'. 然敝邦不幸, 東隣日本. 島夷殘毒, 自絶於主, 而我朝議論, 反以爲能, 將欲效之, 寧不寒心?

죄인들(우리들)은 태초부터 깊고 어두운 지역에서 태어났으나, 다행히 천주님의 사람이 되었으므로, 항상 마음과 힘을 다 쏟아 주님의 이름을 드날려 특별한 은총의 만의 하나라도 갚으려고 생각했는데, 어찌 중도에 갑자기 이 지경을 당할 줄 알았겠습니까? "순교자의 피는 우리 성교의 씨앗이 된다"는 말을 들은 적이 있습니다. 그러나 우리나라는 불행히도 동쪽으로 일본을 이웃하고 있습니다. 섬나라 오랑캐는 잔혹하여 스스로 천주님과 관계를 끊었는데, 우리나라 조정은 그것을 도리어 잘했다고 여겨 그대로 본받으려고 하니, 어찌 한심하지 않겠습니까?

[91]

我東人品柔弱, 法令懈弛, 未必如<u>日本</u>之刻酷. 然現今教中, 高明剛毅之人, 存者無幾, 愚鹵·賤人·婦女·孩童, 約畧計之, 尙不下數千, 而料理無人, 興起無方. 似此形勢, 其何能長久乎? 不出十年, 雖更無官窘, 將自歸消亡. 嗚呼, 痛矣! 未死之前, 何忍見聖教之絶滅乎?

　우리나라는 인품이 유약하고 법령이 느슨하여 꼭 일본처럼 각박하고 혹독하지는 않겠지만, 현재 교우들 중에 식견이 높고 의지가 굳센 사람은 남아 있는 자가 얼마 되지 않습니다. 무식한 자, 신분이 낮은 자, 부녀자와 아이들을 대강 계산하면 수천 명을 넘지만, 그들을 다스릴 사람이 없어서 떨치고 일어날 방도가 없습니다. 이런 형세라면 어찌 오래갈 수 있겠습니까? 십 년도 못 가서, 비록 관청의 박해가 다시 없어도, 저절로 소멸해 버리고 말 것입니다. 아! 안타깝습니다. 죽기 전에 어찌 성교가 없어져 버리는 것을 차마 볼 수 있겠습니까?

[92]

罪人等之今年免禍, 感懼交切. 感慈恩之曲庇, 特荷生全, 懼罪惡之偏多, 未蒙簡選. 誠欲以此餘生, 爲主盡瘁, 而不

但智乏, 又復力窮, 其將舍冤而入地, 抱恨而終天乎? 哀痛
悶迫之中, 誰爲憐我, 誰爲慰我? 雖欲哭訴於大爺慈座之
前, 關河阻隔, 瞻望靡及, 尤增煩鬱, 將如之何?

우리 죄인들은 올해 화를 면하는 바람에 고마움과 두
려움이 엇갈립니다. 인자하신 은혜로 곡진히 보호하셔서
특별히 목숨을 보전했으니 고맙고, 죄악이 너무 많아서 순
교자로 선택받지 못했을까 두렵습니다. 정말 이 남은 목숨
으로 주님을 위해 지쳐 쓰러질 만큼 힘을 다하려고 합니다
만, 지혜가 모자랄 뿐만 아니라 힘도 떨어졌으니, 장차 원
통함을 지닌 채 땅속에 묻혀야 하며 한을 품은 채 이 세상
을 마쳐야 합니까? 애통하고 답답한 가운데 누가 우리를
불쌍히 여기며, 누가 우리를 위로해 주겠습니까? 비록 대
야(북경 주교)님의 인자하신 존전에서 울면서 호소하고 싶지
만, 관문과 강물이 가로막아서 우러러봐도 미치지 못하니,
더욱더 괴롭고 답답합니다. 앞으로 어찌 할까요?

[93]
罪人等聞神父自現之消息, 驚痛之外, 又有所大惶懼者. 如
或奏聞中朝, 必然累及本堂. 似此, 則東國教務, 無復餘望.

爲此夙宵憂慮, 更深於本國之事. 幸而庇佑罔極, 根本不動,
兼之罪人不死, 若望無故. 主旨昭然, 如印方之事, 屬之於
大爺也. 罪人等何敢不訴盡哀曲, 仰承此恩耶? 請悉言之,
願曲察之.

우리 죄인들은 신부님께서 자수하셨다는 소식을 듣고
놀라고 안타까운 것 외에도 크게 당황하고 두려워하는 것
이 있습니다. 만약 누군가 중국 조정에 보고하면, 틀림없
이 누累가 본당(북경 천주당)에 미칠 것입니다. 이렇게 되면 우
리나라의 교회 일은 다시 아무런 가망도 없게 될 것입니
다. 이 때문에 밤낮으로 우려하고, 심지어 우리나라 박해
보다도 더 깊이 우려하였습니다. 다행히 망극한 도우심으
로 (교회의) 근본이 흔들리지는 않았고, 아울러 죄인은(저는)
죽지 않았으며 요한(옥천희)도 무사합니다. 주님의 뜻은 이
나라의 일을 대야(주교)님께 맡기신 것이 분명합니다. 우리
죄인들이 어찌 감히 애틋한 마음을 간곡하게 호소하여 이
은혜를 우러러 받들지 않을 수 있겠습니까? 모두 말씀드
리오니, 굽어살펴 주시기 바랍니다.

[94]

萬國之中, 東國最貧, 東國之中, 敎友尤貧, 僅免飢寒者, 不
過十餘人. 甲寅做事時, 接待凡節, 都不能先期預備, 司鐸
到東之後, 方纔拮据, 以致每事窘束. 此雖生疎未經事所致,
實係貧寒力不逮而然.

 모든 나라들 가운데 우리나라가 가장 가난하고, 우리
나라에서도 교우들이 더욱 가난하여, 겨우 굶주림과 추위
를 면하는 자가 십여 명에 지나지 않습니다. 갑인년(1794)
에 일[80]을 해나갈 때 접대하는 모든 절차를 기한보다 미
리 준비하지 못하여, 신부님께서 우리나라에 도착하신 뒤
에야 겨우 바삐 일처리를 하느라고 하는 일마다 갑갑한 상
황이 되었습니다. 이것은 비록 생소하고 경험이 없는 탓이
기도 하지만, 실제로는 가난하고 힘이 모자라서 그렇게 된
것입니다.

[95]

近年進敎者稍多, 財力少勝於前矣. 然未辦當行之事, 引接
未妥之人, 至使禍難如此其酷, 則太半由於財難矣. 今年窘

---

80. 일 : 주문모 신부를 조선에 입국시킨 일.

難之後, 被難○○[81]者全家蕩盡, 圖生者隻身逃命, 貧困之
形, 反甚於甲寅以前, 縱有計策, 無路施行. 今雖破殘之餘,
苟有財物, 尙可有爲.

근래에 입교하는 사람이 점점 늘어나고, 재정 상황도
전보다 조금 나아졌습니다. 그러나 마땅히 해야 할 일을
처리하지 못하고 적합하지 않은 사람을 끌어들여 박해가
이처럼 혹독하게끔 된 것은 태반이 재정의 어려움에서 말
미암은 것입니다. 올해 박해 이후, 박해를 당한 ○○사람
은 전 재산을 탕진했고, 살기를 도모한 사람은 홀몸으로
도망해서, 빈곤한 형편이 도리어 갑인년(1794) 이전보다 심
하니, 비록 무슨 계책이 있다고 해도 시행할 길이 없습니
다. 지금 비록 파산하고 망가진 뒤이지만, 만약 재물이 있
다면, 아직도 할 만한 일이 있습니다.

[96]
論敎友, 則未曾顯著之中, 猶有若干可用者, 可以收合矣.

---

81. ○○ : 백서帛書 원문에는 본래 두 글자가 있었으나 현재는 ○○으로 덧칠하여
보이지 않는다. 필자가 삭제한 것으로 보인다.

교우로 말하면, 뚜렷하게 드러나는 인물은 아직 없지만, 그래도 쓸 만한 자들이 약간 있어서 힘을 합쳐 함께 일을 벌일 만합니다.

[97]

論時勢, 則乙卯以後, 年年多難者, 盖有二故. 一則因先王之疑懼司鐸, 必欲搜覓也. 一則因老論之忌嫉南人, 力圖抗陷也. 今也, 先王之所疑者已破, 老論之所嫉者已盡, 敎中之表著者皆死, 過了今年, 可以寢息矣.

시세로 말하면, 을묘년(1795) 이후 해마다 어려움이 많아졌는데, 거기에는 두 가지 까닭이 있습니다. 하나는 선왕께서 신부님을 의심하고 두려워하여 기어코 찾아내려 하는 것이었고, 하나는 노론이 남인을 꺼리고 미워하여 애써 함정에 빠뜨리려 하는 것이었습니다. 지금은 선왕께서 의심하던 것은 이미 깨어졌고, 노론이 미워하던 것은 이미 없어졌으며, 교우들 가운데 표면으로 드러난 자들은 모두 죽었으므로, 금년만 지나면 박해가 잠잠해질 것입니다.

[98]

論⁸²地方, 則都城雖有五家統之法, 教友所居之里, 則統法
頗嚴, 教友不居之處, 則作統有名無實, 人皆晏如, 可以着
脚矣.

　지방으로 말하면, 서울에는 비록 오가작통법이 있어서
교우들이 사는 마을은 작통법이 몹시 엄중했지만, 교우들
이 살지 않는 곳은 통을 만들었으나 유명무실해서 사람들
이 모두 마음을 놓고 지내며 발붙일 수 있습니다.

[99]

論經路, 則畿·忠·全三道, 素多教友, 慶尙·江原兩道,
近年避難者或居之, 故廉探之官差遍行於此五道. 黃海·
平安兩道, 本無奉教者, 亦無流入者, 聲聞寂然, 俗人不以
爲疑. 邊門雖有譏察, 一二年來, 絶無可疑之人, 則漸當疎
緩, 可以容手矣.

　경로로 말하면, 경기, 충청, 전라 세 도는 본래 교우들
이 많았고, 경상, 강원 두 도는 근년에 박해를 피해 간 자

---

82. 論 : 백서帛書 원문을 기록하다가 누락된 것을 필자가 본문 옆에 작은 글자로 추
가한 것이다.

140

들이 더러 살았기 때문에, 염탐하는 관청의 아전들이 이 다섯 도를 두루 돌아다니고 있습니다. 황해, 평안 두 도는 본래 성교를 신봉하는 자가 없었고 흘러 들어간 자도 없어서, 들리는 소문이 없이 조용하여 일반 사람들도 의심하지 않습니다. 변문[83]은 비록 기찰(譏察)이 있으나, 1~2년 이래로 의심할 만한 사람이 전혀 없으면 차츰 느슨해질 것이니 손을 쓸 수 있습니다.

[100]

論經綸, 則從前之人, 皆以廣揚爲務, 今焉已矣, 當以保存爲務, 深溝固壘. 謹嚴自守, 成就已進敎者, 訓誨未長成者, 虔祈主佑, 靜待機會, 則可保無虞矣.

경륜으로 말하자면, 앞서 믿던 사람들은 모두 널리 드러내기를 힘썼으나, 이제는 끝났으니 잘 보존하기에 힘써서 도랑을 깊게 파고 담을 튼튼히 쌓아야 합니다. 삼가 엄하게 스스로 지키고, 이미 입교한 사람은 완전히 성취시키며, 아직 장성하지 못한 사람은 가르치고 깨우쳐서, 주님의

---

83. 변문邊門 : 의주 압록강의 국경에 설치한 관문. 여기서 120리를 가면 청나라 관문인 책문柵門에 도달한다.

도우심을 정성껏 기도로 구하며 조용히 기회를 기다린다면, 잘 보존할 수가 있어서 아무런 걱정도 없을 것입니다.

[101]

甲寅之事, 教友們歡幸之極, 嚴愼未至, 誤了初頭一着, 馴致無奈何之境. 前車旣覆, 殷鑑不遠, 今誠加謹加愼, 不自破綻, 則患難無由而起矣. 目下事勢如此, 未必坐而待死, 然此皆有財而後可論也. 不料一方聖敎之存亡·靈命之生死, 懸於惡瑪滿矣. 只緣無財, 至於敎亡而靈死, 則寃恨當復如何? 玆敢冒昧陳請, 伏望爲之乞哀於太西諸國, 以爲東方扶持聖敎, 救濟生靈之資本, 則當密密經營, 妥當預備, 然後續請再生之恩. 願大爺矜憫而垂憐焉.

갑인년(1794)의 일에 교우들이 너무나 기뻐하고 다행으로 여긴 나머지 엄히 삼가지 못하여, 처음에 한 번 그르친 것이 그만 차츰 어찌할 수 없는 지경에 이르게 되었습니다. 앞 수레가 이미 뒤집혔고 은나라 거울은 멀리 있지 않으니,[84] 이제 참으로 더욱 근신하여 스스로 잘못하지 않

---

84. 앞 수레 … 않으니 : 『대대례기大戴禮記』「보부保傅」편의 "앞 수레가 뒤집혔으니 뒷 수레가 경계한다."前車覆, 後車誡는 부분과 『시경詩經』「대아大雅·탕湯」편의 "은나라의 거울은 멀리 있지 않으니, 하나라 걸왕 시대라네."殷鑑不遠, 在夏后之世 부분을 인용한 대목이다. 여기서 앞 수레와 은나라 거울은 갑인년 주문모

142

는다면, 환난이 일어날 까닭이 없습니다. 현재 일의 형세가 이렇더라도, 구태여 가만히 앉아서 죽기를 기다릴 정도의 처지는 아니지만, 이것도 다 재물이 있는 뒤에야 논할 수 있습니다. 한 지역 성교의 존망과 영혼의 생사가 악한 맘몬[85]에게 달려 있음을 헤아리지 못했습니다. 단지 재물이 없다고 해서 성교가 멸망하고 영혼이 죽는다면, 원한이 다시 어떠하오리까? 이에 감히 몽매함을 무릅쓰고 말씀을 올려 청하오니, 부디 이를 위해 서양 여러 나라에 사정해 주시기 바랍니다. 그리하여 이 나라에서 성교를 유지하고 생령들을 구제할 자본이 된다면, 꼼꼼하게 운영하고 올바르게 예비한 뒤에 이어서 다시 살아날 은혜를 청하겠습니다. 부디 대야께서는 불쌍히 여기시고 가엾게 여겨 돌봐 주십시오.

신부를 맞을 때 한 실수를 상징하며, 은나라가 귀감으로 삼을 역사적 사례는 멀리 있는 것이 아니라 바로 앞 시대 마지막 임금인 걸왕이라는 점을 상기키시면서 앞서 한 실수를 귀감으로 삼을 것을 역설한 것이다.

85. 맘몬Mammon : 아람어로 '인간을 유혹하는 재물과 물질적인 탐욕'을 뜻한다. 신약성서에는 누가복음 16장 13절, 마태복음 6장 24절 등에 등장하며, 의인화 혹은 인격화되어 중세 이후에는 악마의 하나로 본격적으로 부각되었다.

固知此請之煩瀆猥濫. 然黙而不求・求而不得等是永死
耳. 求而不得, 則死無遺恨, 故敢此發口. 罪人等形神赤光,
全全仰托. 願大爺上體慈善之恩主, 下念貧窶之弱息, 慰
滿我之盼望, 成就我之志願, 則聖敎幸甚, 生靈幸甚. 罪人
等倘蒙不棄之恩, 復許再生之路, 當竭力以應承之. 然不
可以日月期也, 經營周旋, 少不下三數歲, 而越境之行, 難
者有二. 一則頭髮, 一則口舌, 頭髮易長, 口舌難變. 若言語
便利, 無甚危難. 罪人之意, 欲以本國一人, 預先入堂, 敎年
少相公們以東國言語, 以備後日之用, 極爲妥當, 未審鈞
意若何.

참으로 이러한 청이 번거롭고 외람된 일인 줄 압니다.
그러나 잠자코 구하지 않거나 구하지만 얻지 못하면 영원
한 죽음일 뿐입니다. 구하지만 얻지 못하면 죽더라도 한
은 없기 때문에 감히 이렇게 말씀드립니다. 죄인들(우리들)
은 몸과 마음을 남김없이 드러내어 전적으로 우러러 의탁
하오니, 부디 대야께서는 위로는 자애롭고 선하신 은혜의
주님을 본받으시고, 아래로는 가난하고 궁색한 어린 자식
들을 생각하시어, 우리의 소망을 채워 주시고 우리의 바람
을 이루어 주소서. 그리하면 성교(천주교)에도 매우 다행스
런 일이요, 생령들(신자들)에게도 매우 다행스런 일입니다.

우리 죄인들이 혹시 버리지 않으시는 은혜를 입어 다시 살아날 길을 허락받는다면, 마땅히 온 힘을 다하여 그에 부응하여 받들겠습니다.

[103]

如蒙允許, 則彼此打箇暗號, 約束丁當, 以冬門爲期, 冬門不便, 更以春門爲期, 可望其順成. 而又有極便者, 中國敎友熱心謹愼者一人, 移家於柵門之內, 務極嚴愼, 不出聲聞, 開了店鋪, 接待行人, 則往來通信之際, 甚不費力, 其中妙處, 不可勝言. 此是東國生命關頭, 而爲之不甚難. 如有矜念東國, 如本神父者, 必然樂從. 伏望博詢于熱心愼密者, 以圖必成如何.」

만약 허락해 주신다면 피차간에 암호를 보내되 댕그렁 소리로 약속하여 동문冬門으로 기약하고 동문이 불편하면 다시 춘문春門으로 기약한다면 그것이 순조롭게 이루어질 가망이 있습니다.[86] 또한 가장 편리한 방법으로는 중국

---

86. '동문冬門'은 조선에서 청나라 북경으로 들어가는 사신인 동지사 겸 삼절년공사冬至使兼三節年貢使가 겨울에 책문柵門을 통과하는 것을 두고 이르는 말이고, '춘문春門'은 북경에서 조선으로 되돌아오는 조선 사신이 봄에 책문을 통과하는 것을 두고 이르는 말이다. 따라서 이 문장은 암호를 정해 동지사가 겨울에 책문을 통과할 때 일을 진행하거나, 여의치 않으면 동지사가 돌아오는 봄에 맞추어

교우로서 열심이고 신중한 자 한 사람을 책문[87] 안으로 이사시키되, 엄히 삼가기를 아주 힘써서 소문이 나지 않도록 하고, 가게를 열어서 지나가는 사람을 접대하면, 오고 가거나 서신을 보낼 때에 별로 힘들지 않을 것이니, 그 가운데 묘한 것은 이루 다 말할 수 없습니다. 이것은 우리나라 교우들의 생명이 달린 중요한 갈림길이지만, 그렇게 하기는 그다지 어렵지 않습니다. 만약 우리나라를 우리 신부님과 같이 불쌍히 여기는 마음이 있다면, 틀림없이 기꺼이 따를 것입니다. 엎드려 바라건대, 열심이고 신중한 사람들에게 널리 물어 보시고 반드시 이룰 수 있도록 도모하시는 것이 어떻겠습니까?」

[104]
本國方在危疑乖亂之際, 無論某事, 皇上有命, 必不敢不從. 乘此之時, 教宗致書皇上曰: "吾欲傳教朝鮮, 而聞其國屬在中朝, 不通外國, 故以此相請. 願階下另勅該國, 使之容接西士, 當教之以忠敬之道, 盡忠於皇朝, 以報階下之德." 如是懇請, 則皇上素知西士之忠謹, 可望其允從. 是所謂挾

일을 진행 하자는 말이다.

87. 책문柵門 : 조선 후기에 청나라와 입국, 통관, 교역을 하던 국경 지역의 관문.

天子以令諸侯, 聖教可以安行. 未審中國時勢, 可行此計否,
願留意焉.」

　우리나라는 지금 사방이 위태롭고 어지러운 시기이므
로, 어떤 일이든지 황제의 명령만 있으면 반드시 감히 따
르지 않을 수 없습니다. 이러한 때를 타서 교종(교황)께서
황제께 편지를 보내서 "내가 조선에 선교하고자 하는데,
그 나라는 중국에 속해 있고 다른 나라와는 통하지 않는다
고 들었기 때문에, 이렇게 청합니다. 부디 폐하께서 그 나
라에 따로 칙령을 내리셔서 그들이 서양 선교사를 받아들
이도록 하여 마땅히 충성하고 공경하는 도리를 가르치고
황제의 조정에 충성을 다하여 폐하의 덕에 보답하게 하소
서." 라고 간청하면 황제께서는 본래 서양 선교사의 충성
되고 근실함을 알고 계시므로 그 허락을 받을 수 있을 것
입니다. 이것이 이른바 천자를 끼고 제후를 호령하는 것으
로서, 성교가 안전하게 행할 수 있는 방법입니다. 중국의
시세가 이 계획을 실행할 수 있을지 아닌지는 잘 모르겠으
나, 부디 유의해 주소서.」

主恩之於東國, 可謂逈越尋常. 初未嘗有傳教者來, 而主特
擧斯道而親卑之, 繼又以授聖事者予之, 種種特恩, 指不勝
屈. 今年此罰, 固知罪人等辜負之攸致. 然主之仁慈, 猶未
全棄, 似此殘破之中, 特留一線之路, 明係肯救東國之表證.
主佑旣如此, 若中西諸國事主之人, 合心全力而圖之, 豈不
能化殃爲吉, 救活此手掌之地耶? 罪人等以此自慰而慰人,
忍死延生. 願大爺承行主旨, 速施申救.」

우리나라에서 주님의 은혜는 대단히 심상찮은 것이라
고 말할 수 있습니다. 처음에는 선교하는 분이 온 적도 없
는데, 주님께서 특히 이 도리를 들어서 직접 주셨고, 이어
서 또한 성사를 베풀어주실 분을 보내주시는 등, 갖가지
특별한 은혜를 받은 것이 손가락으로 이루 다 꼽을 수 없
습니다. 올해의 이 벌은 진실로 죄인들이 은혜를 저버린
탓임을 잘 알고 있습니다. 그러나 주님께서는 인자하셔서
그래도 아주 버린 적이 없으시고, 이처럼 잔혹하게 파괴된
가운데 특별히 한 가닥 나아갈 길을 남겨 놓으셨으니, 분
명히 우리나라를 기꺼이 구해 주시려는 표증입니다. 주님
의 도우심이 이러하니, 만약 중국과 서양 여러 나라에서
주님을 섬기는 사람들이 마음을 합하고 온힘을 다하여 도
모한다면, 어찌 재앙을 복으로 바꾸어 이 손바닥만한 땅을

구원해서 살리지 못하겠습니까? 죄인들은 이로써 스스로
위로하고 남을 위로하여 죽음을 견디며 연명하고 있는 것
입니다. 부디 대야께서는 주님의 뜻을 받들어 행하시어 속
히 해명하여 구원해 주소서.」

[106]

伏聞近年中國, 西賊猖獗, 官軍屢敗, 疆土日慼, 皇帝必有
憂悶之心. 有能言善謀, 皇帝素親信者, 乘此進言曰: "安
不忘危, 存不忘亡, 長久之道也. 本朝起自東土, 奄有海內,
垂二百年于今矣. 天下大勢, 飜覆靡常. 後世脫有不幸, 當
以寧古塔爲歸, 而土地偏隘, 不足以有爲. 朝鮮之於寧古塔,
只隔一水, 烟火相望, 呼應相聞, 而地方三千餘里. 東南則
土地肥饒, 西北則士馬精强. 山連千里, 材木不可勝用. 海
環三面, 魚鹽用之不竭. 慶尙道之人蔘至賤, 耽羅島之良馬
極多. 此亦天府之國, 而李氏微弱, 不絶如縷. 女君臨朝, 强
臣弄權, 政事乖亂, 民情嗟怨. 誠以此時命爲內服, 混其衣
服, 通其出入, 屬之於寧古塔, 以廣皇家根本之地. 開撫按
司於安州・平壤之間, 命親王監護其國, 厚樹恩德, 固結人
心. 天下有變, 割據遼・瀋以東, 保其巖阻, 生聚敎訓, 乘釁
而動, 則此固萬世之基也. 又聞其國王年少, 未及聚妃. 若
取一宗室女, 名爲公主, 嫁爲國后, 則今王爲駙馬, 後王爲
外孫, 自當盡忠於皇朝, 亦足以牽制蒙古. 失今不圖, 一朝

他人堀起, 據而有之, 國治兵强, 則非徒不能爲我用, 恐反
爲胕腋之患. 時至不行, 後悔莫追, 願皇上斷而行之." 【以
此大意遷就其說, 務期合於中朝時勢.】

   엎드려 듣건대, 근년에 중국은 서쪽 지방에 도둑이 창
궐해서[88] 관군이 여러번 패하고 국토가 나날이 줄어든다
고 하니, 황제께서는 틀림없이 걱정하고 고민하는 마음이
있을 것입니다. 말을 잘 하고 정치적 판단을 잘 하며 황제
가 평소에 가까이 신임하는 자가 있으면, 이를 틈타서 다
음과 같이 말씀 드리는 것입니다.

   "편안할 때 위급함을 잊지 않고 존속할 때 멸망함을 잊
지 않는 것이 영원히 지속하는 방도입니다. 본조本朝(청나라
조정)는 동쪽 땅에서 일어나서 온 세상을 차지한 지가 지금
까지 2백 년에 이르렀습니다. 천하의 대세는 엎어지고 뒤
집히는 일이 일정하지 않습니다. 후세에 자칫 불행한 일이
라도 있으면, 영고탑[89]으로 돌아가야 하겠지만, 땅이 외지
고 좁아서 있을 만한 곳이 못 됩니다. 조선은 영고탑에서
그저 강물 하나를 사이에 두고 있을 뿐이며, 밥 짓는 연기

---

88. 근년에 … 창궐해서 : 1795년 귀주貴州 묘족苗族 반란, 1796년 호북湖北 백련교
    도白蓮教徒의 난 등이 일어났다.

89. 영고탑寧古塔 : 만주에 있는 청나라의 발상지. 현재 중국 흑룡강성黑龍江省 영안
    현寧安縣에 있다.

가 서로 바라보이고 부르고 대답하면 서로 들리는데, 땅이 사방 3천여 리입니다. 동남쪽은 땅이 기름지고 서북쪽은 군사와 말이 야무지고 굳셉니다. 산이 천리나 이어져서 목재는 이루 다 쓸 수가 없으며, 바다가 삼면을 둘러쌓아서 고기와 소금은 아무리 써도 없어지지 않습니다. 경상도의 인삼은 천할 정도로 많이 나고, 탐라도(제주도)의 좋은 말은 한없이 많습니다. 이 또한 자연의 혜택을 받은 나라이지만, 이씨(이씨 왕조)가 미약하여 실오라기 같이 겨우 끊어지지 않고 있습니다. 여군女君(대왕대비 순정왕후)이 섭정하여 세력이 센 신하가 권력을 멋대로 휘두르니, 정치가 어그러지고 어지러워서 백성들은 탄식하고 원망합니다. 참으로 이런 때에 속국이 되도록 명하여 그 의복을 섞이게 하고 그 왕래를 터놓아 조선을 영고탑에 소속시켜 황가皇家의 근본이 되는 땅을 넓히십시오. 안주와 평양 사이에는 백성을 살피고 위로하는 관청을 개설하고 친왕[90]을 임명하여 그 나라를 감독하고 보호하게 하되, 은덕을 후히 베풀어서 인심을 굳게 다지고, 천하에 변란이 있더라도, 요양과 심양의 동쪽 지역을 나누어 차지하여 그 험준한 지역을 지키고 장

---

90. 친왕親王 : 공로가 많은 황제의 아들이나 조카 중에 임명하는 왕으로, 대개 실권은 없고 예우만 한다.

정을 모아 훈련시켰다가 틈을 타서 움직이소서. 이것이 바로 길이길이 대를 이어가는 기초인 것입니다. 또한 그 나라 왕은 나이가 어려서 아직 왕비를 맞지 아니했다고 합니다. 만약 중국 종실宗室의 딸을 공주로 삼아 시집보내서 왕후가 되게 하면, 지금 왕은 부마(임금의 사위)가 될 것이고, 그 다음 왕은 외손이 되므로, 스스로 당연히 황조皇朝(청나라 왕조)에 충성을 다하겠고, 몽고도 충분히 견제할 수 있습니다. 지금 때를 놓치고 계획을 세우지 않으면, 하루아침에 다른 사람이 불쑥 일어나서 차지할 텐데, 나라가 안정되고 군사가 강해지면, 그저 우리가 활용할 수 없을 뿐만 아니라 도리어 가까이 있는 환난이 되지나 않을까 두렵습니다. 때가 왔는데도 행하지 않으면 나중에 후회해도 어쩔 수 없게 되니, 부디 황제께서는 결단하시어 시행하소서."【대강 이런 뜻으로 그 설을 억지로 맞추었는데, 반드시 중국 조정의 시세에 알맞게 조절하시기 바랍니다.】

[107]

萬一皇上聽從, 則聖教之人, 於中取事, 庶可望其漸次大行, 至於莫遏之勢矣. 中國教友旣多, 門路亦廣, 豈無進言之蹊逕耶? 側聞年前宣勑之英學士, 爲皇上椒房之親, 亦與大爺

相好. 其家丁有敎友云, 或可以夤緣行計耶? 若有如此人,
力主此論, 則可期皇上之聽納矣. 雖然, 不可無端而命爲內
服, 必有一兩件罪過, 然後可以籍口而行計.

만일 황제께서 들어 주시면, 성교인(천주교인)이 중간에
서 일을 주선해서 성교가 차츰 크게 퍼져서 막을 수 없는
형세에 이를 가능성도 있습니다. 중국에는 이미 교우들
이 많고 접촉할 길도 넓으니, 어찌 황제께 나아가 말씀드
릴 경로가 없겠습니까? 곁에서 들어보니, 몇 년 전에 칙사
로 온 무영전 학사[91]는 황제 후비의 친척이고 또 대야와도
친분이 있다고 합니다. 그 집안 하인 중에 교우가 있다고
하니, 혹시 그 연줄을 타고 계획을 실행할 수 있겠습니까?
만약 이런 사람이 있어서 이 계획을 힘껏 주장한다면, 황
제께서 듣고 받아들일 것을 기대할 수 있습니다. 그렇기는
하지만, 까닭 없이 속국이 되라고 명령할 수도 없는 노릇

---

91. 무영전武英殿 학사學士 : 무영전은 자금성에 있는 건물로서, 문연각과 더불어 학
　　사들이 활동하는 기관이었다. 조선에 칙사로 온 무영전 학사는 항걸恒傑인 듯하
　　다. 항걸은 1799(정조 23)년 초에 청나라 건륭황제의 전부칙사傳訃勅使의 부사
　　副使로 파견되는데, 당시 그는 내각학사內閣學士였다. 한편 그의 딸인 측복진側
　　福晉 양가씨楊佳氏가 청나라 인종 가경황제와 공순황귀비 뉴호록씨恭順皇貴妃
　　鈕祜祿氏(1787~1860) 사이에서 태어난 다섯째 아들인 혜단친왕 면유惠端親王
　　綿愉(1814~1864)의 부인이 되었다. 『정조실록正祖實錄』 권51, 정조 23년 2월 1
　　일己丑 기사 및 『청사고靑史稿』 「인종본기仁宗本紀」, 「제왕열전諸王列傳」, 「후비
　　열전后妃列傳」, 「황자세표皇子世表」 등 참조.

이니, 반드시 한두 가지 죄가 될 만한 허물이 있은 연후에야 이를 구실 삼아 계획을 실행할 수 있을 것입니다.

[108]

本國有許多不公不法之事, 而不敢盡說. 惟私造時憲書, 及私造常平通寶. 此二事, 卽中朝之素知 而不問者, 一經案覈, 足以聲罪. 此計固有益於皇家, 亦無害於本國.

우리나라에는 공정하지 못하고 법에 어긋나는 일이 너무나 많아서 감히 모두 말씀드릴 수는 없지만, 시헌서[92]를 사사로이 만든 일과 상평통보[93]를 사사로이 만든 일, 이 두 가지는 바로 중국 조정에서도 본래 알면서도 문책하지 않은 것이므로, 한번 조사하기만 하면 충분히 죄를 나무랄 수 있을 것입니다. 이 계획은 원래 중국 황실에 유익할 뿐 아니라 우리나라에도 해롭지 않을 것입니다.

---

92. 시헌서時憲書 : 1622년 명나라에 들어온 독일 출신 예수회 선교사 아담 샬 Johann Adam Schall von Bell(1591~1666)이 만든 역법曆法. 태음력에 태양력을 접목시켜서 24절기와 하루의 시간을 정밀하게 계산해서 만들었다. 조선에서는 1653년부터 시행했던 달력이다.

93. 상평통보常平通寶 : 조선시대 사용한 엽전 중 하나. 1633년 처음 사용해서 조선 말 근대 화폐가 나오기 전까지 사용했다.

[109]

現今國勢危岌, 決難久支, 若爲內服, 則奸臣之睥睨自息,
<u>李氏</u>之聲勢倍勝. 奚但聖教之安? 亦是國家之福. 請勿以爲
迂濶, 而採納焉.」

  현재 나라의 형세가 크게 위급하여 결코 오래 버티기
어려운데, 만약 속국이 되면 간사한 신하들의 눈흘김이 저
절로 사라질 것이고, 이씨 왕조의 명성과 위세는 배나 높
아질 것입니다. 어찌 성교의 안정뿐이겠습니까? 나라의
복이기도 한 것입니다. 부디 물정을 모르는 것이라고 생각
지 마시고, 가려서 받아주시기 바랍니다.」

[110]

去年諭帖, 獲承數年後差送大舶之命, 今也則時勢已變, 待
然而來, 則難望有成. 此有一策, 可使<u>朝鮮</u>人奈何不得, 束
手從命, 而但行之頗難. 雖然, 請細陳之.

  지난해 보내주신 편지에 몇 년 후에는 큰 배를 파견하
겠다는 분부를 받았으나, 지금은 시세가 이미 변해서 무턱
대고 온다면 성공을 바라기 어렵습니다. 여기에 조선 사람
으로 하여금 어찌 수 없이 꼼짝 못하고 명령을 따르게 할

계책이 있지만, 실행하기가 상당히 어렵습니다. 그렇기는 하지만, 자세히 말씀 드리도록 하겠습니다.

[111]

本國兵力, 本來孱弱, 爲萬國最末, 而今昇平二百年, 民不知兵. 上無長君, 下無良臣, 脫有不幸, 土崩瓦解, 可立而待也. 倘得海舶數百艘・精兵五六萬, 多載大砲等利害之兵器, 兼帶能文解事之中士三四人, 直抵海濱, 致書國王曰: "吾等卽西洋傳敎舶也. 非爲子女玉帛而來, 受命于敎宗, 要救此一方生靈. 貴國肯容一介傳敎之士, 則吾無多求. 必不放一丸・一矢, 必不動一塵・一草, 永結和好, 鼓舞而去. 不納天主之使, 則當奉行主罰, 死不旋踵. 王欲納一人, 而免全國之罰乎? 抑欲喪全國, 而不納一人乎? 王請擇之, 天主聖敎以忠孝・慈愛爲工務, 通國欽崇, 則實王國無疆之福, 吾無利焉. 王請勿疑."

우리나라의 병력은 본래 약해 빠져서 모든 나라 가운데 가장 말단이거니와, 이제까지 태평한 세월을 2백년동안 지속해 왔으므로, 백성들은 군사를 모릅니다. 위로는 훌륭한 임금이 없고 아래에는 뛰어난 신하가 없어서, 자칫 불행한 일이 있으면 흙더미처럼 무너지고 기왓장처럼 부서지는 일이 서서 기다릴 만큼 빨리 나타납니다. 혹시 배수백 척과 정예 병사 5~6만을 얻어 대포 등 날카로운 무기들을 많이 싣고, 겸하여 글 잘하고 사리에 밝은 중국 선비 서너 명을 데리고 곧바로 우리나라 해변에 닿게 되면, 국왕에게 편지를 보내십시오.

"우리는 서양에서 선교하려 온 선박입니다. 자녀나 재물 때문에 온 것이 아니라 교종(교황)의 명령을 받아 이 지역의 생령들을 구원하려는 것입니다. 귀국에서 선교사 한 명을 기꺼이 받아들인다면, 우리는 많은 것을 요구하지 않겠소. 반드시 한 방의 탄환이나 한 대의 화살도 쏘지 않고, 반드시 티끌 하나 풀 한 포기도 건드리지 않으며, 영원한 우호조약만 맺고서 북치고 춤추며 돌아갈 것입니다. 만약 천주님의 사자를 받아들이지 않는다면, 마땅히 주님께서 주시는 벌을 받들어 행하고 죽어도 발길을 돌리지 않겠습니다. 왕께서는 선교사 한사람을 받아들여 온 나라에 내리는 벌을 면하고자 하십니까? 아니면 나라 전체를 잃더라도 한 사람을 받아들이지 않으려 하시겠습니까? 왕께서는 택하소서. 천주님의 성교는 충효와 자애를 힘쓰고 있으므로, 온 나라가 흠숭하면 참으로 왕국의 무한한 복이지만, 우리는 아무런 이익이 없습니다. 왕께서는 의심치 마십시오."

[112]

更將太西諸國, 欽崇眞主, 久安長治之效, 及東洋各邦容
接西士, 有益無害之事, 反覆曉諭, 則必然全國震駭, 不敢
不從. 舶數·人數能如所說, 則大善. 若力不及, 則數十艘
五六千人, 亦可用矣.

또한 서양 여러 나라가 참된 주님을 흠숭하여 오랫동
안 편안하고 길이 다스려진 것을 본받아 동양 여러 나라들
도 서양 선교사를 용납하여 맞아들이는 것이 유익하고 해
롭지 않은 일이라는 것을 거듭해서 타이르면, 반드시 온
나라가 벌벌 떨며 놀라서 감히 따르지 않을 수 없을 것입
니다. 배와 사람의 수가 말씀드린 대로 될 수 있다면 가장
좋겠습니다. 만약 힘이 모자라면, 수십 척의 배에 5~6천
명만 되어도 쓸 만합니다.

[113]

數年前, 大西洋商舶一隻, 漂到我國東萊, 有一敎友登舟細
見, 回言卽 "此一隻足敵我國戰船百艘" 云.

몇 해 전에 대서양에서 온 상선 한 척이 표류하다가 우

리나라 동래에 도착했는데,[94] 어떤 교우[95]가 배에 올라 꼼꼼하게 보고 돌아와서 말했습니다. "이 배 한 척이 우리나라 전선 백 척을 맞설 만합니다."

[114]

東人之毒害聖教, 非人性之酷虐也, 實有二故. 一則由黨論甚盛, 藉此爲擠陷之資也, 一則由聞見孤陋, 所知者惟宋耳, 少有不同之行, 則看作天地間大變怪. 譬如窮鄕少孩, 生長室中, 不見外人, 偶逢生面之客, 則必大駭而啼.

　　우리나라 사람들이 성교를 모질게 박해하는 것은 인성이 잔인하고 사납기 때문이 아니라 실은 두 가지 까닭이 있습니다. 하나는 당파의 논쟁이 몹시 많아서 이를 빙자하여 배척하고 모함할 밑천으로 삼기 때문이요, 하나는 듣고 보는 것이 고루하여 아는 것은 오직 송학宋學뿐이라서, 조

94. 몇 해 … 도착했는데 : 1797(정조 21)년 10월 13일 윌리엄 브로튼William Robert Broughton 함장이 이끄는 영국 함선 프로비던스Providence호가 부산의 동래 용당포 바다에 닻을 내리고 1주일 동안 머물면서 부산항 항박도를 만들었다.

95. 현계흠玄啓欽(바오로, 1763~1801)을 말한다. 대대로 역관을 많이 배출한 서울의 중인 집안에서 태어나 약국을 운영하며 살았다. 1791년 신해박해 때 체포되었다가 풀려난 뒤, 1797년 9월에 경상도 동래에 갔다가 영국 배를 발견하고 황사영에게 알려 주었으며, 1801년 신유박해 때 순교했다.

금만 다른 행실이 있어도 천지간의 큰 변괴로 여기기 때문
입니다. 비유하건대, 궁벽한 시골 어린이가 방안에서만 자
라면서 바깥 사람을 보지 못하다가 우연히 낯선 손님을 만
나면 틀림없이 크게 놀라 울기 마련입니다.

[115]

今日光景, 正猶是也. 其實多疑多懼, 愚蒙柔弱, 天下無雙.
是故神父自首之後, 懼教衆之興亂, 許久不敢行刑, 的知教
友們之無能爲, 然後乃敢大着胆戮殺之. 然疑懼之心, 尙未
解釋. 乘此驚疑未定, 臨之以必破之勢, 震動其心, 諭之以
必無虞之理, 開導其愚, 則納與不納之間, 利害較然, 畏威
懷安, 必不敢拒絶. 此計雖難, 行之, 則必然萬全. 如有可爲
之勢, 極力圖之, 幸甚幸甚.

　오늘날 광경이 바로 이와 같습니다. 실제로 의심도 많
고 두려움도 많으며 어리석고 몽매하며 유약하기가 천하
에 짝이 없습니다. 이 때문에 신부님께서 자수하신 뒤에
도 교우들이 소란을 일으킬까 두려워서 상당히 오랫동안
감히 형을 집행하지 못하다가 교우들이 어찌하지 못할 것
을 확실히 안 다음에야 감히 담이 커져서 사형을 집행했습
니다. 그러나 의구심은 오히려 풀리지 않았습니다. 이렇듯

놀라움과 의심이 아직 가라앉지 않은 때를 틈타서 반드시 쳐부술 기세로 임하여 그 마음을 떨리게 움직이고, 반드시 걱정할 것이 없다는 이치로 타일러서 그 어리석음을 깨우쳐서 인도하면, 받아들이든지 받아들이지 않든지 간에 이로움과 해로움이 뚜렷할 것이요, 위력을 두려워하고 편안함을 생각하여 반드시 감히 거절하지는 못할 것입니다. 이 계획이 비록 어렵지만, 행해지기만 하면 반드시 조금도 틀림 없을 것입니다. 만약 행할 만한 형편이거든 힘껏 추진해 주시면 정말 다행이겠습니다.

[116]

或言: "如此擧動, 無論行之之難易, 恐不合於聖教表樣." 罪人則曰: "不然." 本國十年以來, 致命者甚多, 至於聖教之司鐸・國家之重臣, 亦皆束手就死. 惡輩雖勒加以逆賊之名, 實不得絲毫不忠之證, 良善之表, 已孚於人心矣. 若本國教友, 鼓譟爲難, 則實是壞表樣. 太西則乃聖教根本之地, 二千年來傳教萬國, 莫不歸化, 而獨此彈丸東土, 不但不卽順命, 反來梗化, 殘害聖教, 戮殺神司.

어떤 사람은 "이와 같은 거동은 실행하기가 어렵든 쉽든 간에 성교의 표양表樣(겉모습)과 맞지 않을 듯하다."고 말하는데, 우리 죄인들은 "그렇지 않다."고 생각합니다. 우리나라는 지난 10년 동안 순교한 자가 아주 많아서 성교의 신부와 국가의 중신들에 이르기까지 꼼짝 못하고 죽음을 당했습니다. 악한 무리들이 비록 역적의 죄목을 뒤집어씌웠지만, 실은 털끝만한 불충의 증거도 잡지 못했으며, 순교자들의 어질고 착한 태도는 이미 사람들의 마음에 믿음직했습니다. 만약 우리나라의 교우들이 시끄럽게 떠들며 난을 일으킨다면, 그것이야말로 성교의 표양을 무너뜨리는 것입니다. 서양은 곧 성교의 근거지로서, 2천년 이래 모든 나라에 선교해서 귀화하지 않은 곳이 없는데, 이 탄환만한 동쪽 땅만이 명에 순종하지 않을 뿐만 아니라 도리어 교화를 방해하여 성교를 잔혹하게 해치고 성직자를 죽였습니다.

[117]

爲此, 東洋二百年來所無之事, 興師問罪, 有何不可? 據耶蘇聖訓, 則不容傳教之罪, 更重於索多瑪·惡本辣矣. 雖殄滅此邦, 亦無害於聖教之表. 此不過大張聲勢, 以納傳教而已. 人民無所害, 財物無所取, 則又仁義之極而卓異之表也. 何患表樣之不美? 但恐力不及此耳.

이러한 짓을 저지른 것은 동양에서 2백년 이래 없었던 일이니, 군사를 일으켜 죄를 묻는 것이 안 될 게 무엇이 있겠습니까? 예수님의 거룩하신 가르침에 의거하면, 선교를 받아들이지 않는 죄는 소돔과 고모라보다도 무겁습니다.[96] 비록 이 나라를 멸망시킨다 하더라도 성교의 표양에 해로울 것이 없습니다. 그러나 이것은 큰소란을 일으켜 (조선이) 선교를 받아들이게 하는 데 지나지 않습니다. 백성들을 해치지 않고 재물을 빼앗지 않으며, 또한 인仁과 의義의 지극히 탁월하게 뛰어난 표상일 뿐입니다. 어찌 명분이 아름답지 못함을 걱정하겠습니까? 다만 힘이 여기에 미치지 못할까 걱정스러울 뿐입니다.

[118]

或又曰: "如此, 則恐奏聞中朝, 貽害本堂." 罪人曰: "此則容易." 書中說: "教宗曾命神父某傳教貴國. 貴國不惟不容, 反行戮殺, 今又不納傳教, 則吾當馳一介之使, 布告貴國之罪於中朝, 以明我等吊民伐罪之意",」 本國恐露私殺中士之罪, 見責於中朝, 必不敢奏聞, 此又不足慮也.」

---

96. 예수님의 … 무겁습니다 : 복음을 받아들이지 않는 죄가 아브라함과 롯의 시대에 멸망한 소돔과 고모라의 죄보다 크다는 뜻이다. 예수님의 가르침은 『마태복음』 10장 5~15절, 특히 14~15절에 나온다.

어떤 사람은 또 "이렇게 하면 중국 조정에 보고되어 본당(북경 천주당)에 해가 끼칠 것같다"고 말하지만, 죄인은(저는) "이것은 아주 쉬운 일입니다"라고 생각합니다. 편지에서 "교종(교황)께서 일찍이 신부 아무개에게 명하여 귀국貴國(조선)에 전교하도록 했는데, 귀국에서는 용납하지 않았을 뿐만 아니라 도리어 죽여 버렸습니다. 이제 또 전교를 받아들이지 않는다면, 우리는 마땅히 사절을 보내서 귀국의 죄를 중국 조정에 알리고 우리들이 박해받는 백성을 위로하고 박해하는 죄를 처벌하겠다는 뜻을 밝힐 것입니다."라고 설명하면,」 우리나라는 중국 선비(선교사)를 사사로이 죽인 죄가 드러나서 중국 조정의 문책을 당하게 될까봐 틀림없이 감히 보고하지 못할 것이니, 이 또한 걱정할 만한 것이 못 됩니다.」

[119]
柵內開舖事, 爲當今最要緊急先務, 逾速成, 逾大幸. 其他計策, 亦當趂數三年內施行. 然後可望有成. 過了此時, 則又不知世變之如何. 罪人等度日如年, 自行無力, 盻望甚殷, 切願哀憐而速救焉.」

책문 안에 가게를 여는 일은 지금 당장 가장 요긴한 급선무이므로, 빨리 이룰수록 더욱 다행이겠습니다. 그 밖의 계책도 3~4년 안에 뒤이어 시행해야 합니다. 그런 뒤라야 성공을 바랄 수 있습니다. 이때를 놓치게 되면, 또 세상이 어떻게 변할지 모르겠습니다. 죄인들은(우리들은) 하루 지내기가 1년처럼 길기만 한데, 스스로 하기에는 힘이 없고 바라는 마음만 몹시 크오니, 불쌍히 여기시어 빨리 구원해 주시기를 간절히 바랍니다.」

[120]

今年窘難知名之敎友, 鮮有免者, 餘存者, 當屛氣潛伏, 以示滅絶之樣, 然後聖敎可以保全, 而敎友們或托跡商賈, 或避地遷徙, 在路者頗多. 每當齋日, 易致綻露, 敢此仰請. 凡今日東國敎友行路者, 無論大小齋, 槩行寬免, 以爲韜晦保存之地如何?」

올해 박해에 이름난 교우로서 화를 면한 사람이 드물었고, 살아남은 자들은 숨을 죽이고 엎드려서 없어져 버린 것처럼 보여야만 했는데, 그런 뒤에야 성교를 보전할 수 있었습니다. 그래서 교우들은 장사꾼으로 행세하기도 하고 박해 지역을 피해[97] 고향을 떠나기도 해서 길거리에 떠도는 자가 자못 많았습니다. 재일齋日 때마다 천주교인의 정체가 쉽게 탄로나기에, 감히 이렇게 우러러 청합니다. 무릇 오늘날 우리나라 교우로서 길거리를 떠도는 경우는 대재와 소재[98]를 막론하고 모든 의식의 실천을 너그러이 면제해서 천주교인의 정체를 숨기고 목숨을 보존하게 하심이 어떻겠습니까?」

[121]

有一人上次告解時, 許願一主日內, 守兩日大齋, 限後次告解矣. 窘難後, 此人棄家躲避, 流落山鄉. 山間飲食菲薄, 再者, 客中事勢非便, 不得已不能守, 而恐有許願不守之罪, 敢請寬免, 并請問已往之不能守, 或不爲罪耶?

어떤 사람은 지난번 고해 때 한 주일동안 이틀씩 다음 번 고해 때까지 대재(단식)를 지키기로 서원했습니다. 박해

---

97. 혼란한 지방을 피해 : 피지避地는 혼란한 곳을 피해 질서가 안정된 지역으로 가는 것인데, 여기서는 천주교 박해가 심한 지방을 피하는 것을 말한다. 해당 전거가 『논어論語』 「헌문憲問」편에 보인다.

98. 대재大齋와 소재小齋 : 교회가 일정한 날을 재일齋日로 정하고 의식적으로 신앙적 절제를 실천하는 것으로서, 단식斷食을 명하는 대재大齋와 육식肉食을 금하는 소재小齋로 나뉜다.

뒤에 이 사람이 집을 버려두고 숨어서 두메산골을 떠돌아다녔는데, 산골은 음식이 하찮은데다가 떠돌이 생활의 형세도 불편하여 어쩔 수 없이 재齋를 지키지 못했습니다. 서원하고도 지키지 못한 죄가 있습니다만, 감히 너그러이 용서해 주시기 바라오며, 아울러 이미 지난날 지키지 못했던 것도 죄가 되는 것은 아닌지 여쭙고 싶습니다.

[122]
天主降生後一千八百一年, 西滿·達陡瞻禮後一日, 罪人多黙等再拜謹具.

천주 강생 후[99] 1801년 시몬과 다두 축일[100] 다음날에 죄인 도마 등은 두 번 절하고 삼가 갖추어 아룁니다.

---

99. 천주 강생 후 : 기원후(Anno Domini/A.D., 주후主後).

100. 시몬과 다두 축일 : 예수님의 12제자 중 열심당원이었던 사도 시몬Simon과 알패오의 아들 사도 유다 타대오Judas Thaddaeus를 기념하는 축일로서, 가톨릭에서는 양력 10월 28일이다. 외경外經인 『시몬과 유다 행전』에 이들의 전도와 순교에 대한 전승이 나온다.

참고문헌

1. 황사영 백서 원문과 번역본

여진천,『누가 저희를 위로해 주겠습니까』, 서울: 기쁜소식, 1999.

여진천 편,『黃嗣永 帛書와 異本』, 서울: 국학자료원, 2003.

윤재영,『황사영 백서 외』, 서울: 정음사, 1975.

이기경 편,『闢衛編』, 서울: 한국교회사연구소, 1978.

이만채 편,『闢衛編』, 김시준 역, 서울: 명문당, 1987.

황사영,『황사영 백서』, 김영수 역, 서울: 성황석두루가서원, 1998.

_____,『黃嗣永 帛書』, 한국교회사연구자료 제1집, 가톨릭대학교 교회사연구소, 1966.

2. 1차 사료

『東麟錄』, 규장각 소장 필사본, 奎15640.

『備邊司謄錄』

『邪學罪人嗣永等推案』, 규장각 소장 필사본, 奎15149.

『邪學懲義』

『承政院日記』

『義禁府謄錄』

『朝鮮王朝實錄』

『左右捕盜廳謄錄』

3. 단행본

배은하, 『역사의 땅, 배움의 땅 배론』, 서울: 성바오로출판사, 1992.

성지배론관리소, 『황사영 백서』, 1978.

여진천 편, 『황사영 백서 논문 선집』, 서울: 기쁜소식, 1994.

여진천, 『황사영 백서 연구-원본과 이본의 비교 검토』, 서울: 한국교회사연구소, 2009.

유홍렬, 『한국천주교회사』, 서울: 가톨릭출판사, 1962.

이원순, 『한국천주교회사연구』, 서울: 한국천주교회사연구소, 1986.

이정린, 『황사영 백서 연구: 한반도 분단의 근본 원인을 찾아서』, 서울: 일조각, 1999.

정두희 외, 『신유박해와 황사영 백서사건』, 서울: 한국순교자현양위원회, 2003.

주재용, 『배론성지』, 서울: 가톨릭출판사, 1975.

山口正之, 『黃嗣永帛書の研究』, 全國書房, 1946.

_____, 『朝鮮西敎史』, 雄山閣, 1967.

샤를르 달레, 『한국천주교회사』, 안응렬·최석우 역주, 왜관: 분도출판사, 1979.(Dallet, Ch., *Historie de l'Eglise de Corée*, 2vols., Paris, 1874)

Mutel, G., *LETTRE d'Alexandre Hoang à Mgr DE GOUVEA, Eveque de Pékin*(1801), Traduction français, HONGKONG IMPRIMERIE DES MISSIONS- ETRANGERES DE PARIS, 1925.

Kim Jae-hyun, Hur Won-jae, *Hwang Sa-Yeong's Baek Seo*(2007년 한국문학번역원 연구지원사업 결과 보고서, 미간행 영문 번역서)

4. 연구논문과 학위논문

권순영, 「황사영 백서에 대한 신앙적 이해」, 가톨릭대학교 문화영성
  대학원 석사학위논문, 2006.

김병이, 「正祖「純祖代 초반의 天主敎 迫害 事件」, 숙명여자대학교 교
  육대학원 석사학위논문, 2001.

김태영, 「황사영의 의식 전환과 천주교적 세계관 - 백서 작성 배경
  과 관련하여」, 『지역과 역사』 95, 부경역사연구소, 2009.

김희일, 「18世紀末 朝鮮朝 政治, 가톨릭 宣敎政策에 관한 硏究: 黃嗣
  永帛書, 討邪秦文의 커뮤니케이션 內容分析을 中心으로」, 연
  세대학교 대학원 석사학위논문, 1982.

노길명, 「조선후기 한국 가톨릭 교회의 민족의식」, 『성농 최석우 신
  부 고희기념 한국가톨릭 문화활동과 교회사』, 한국교회사연
  구소, 1991.

박광용, 「황사영 백서 사건에 관한 조선왕조의 반응」, 『황사영 백서
  의 종합적 연구』, 한국순교자현양위원회, 1998.

박현모, 「세도정치기 조선 지식인의 정체성 위기: 황사영 백서를
  중심으로」, 『동방학지』 제123집, 연세대학교 국학연구원,
  2004.

방상근, 「황사영 帛書의 분석적 이해」, 『한국교회사연구』 13, 한국
  교회사연구소, 1998.

여진천, 조선 후기 천주교인들의 교회 재건과 신앙자유 획득 방안
  에 관한 연구-서양선박요청 사건을 중심으로(1780~1801)」,
  『한국천주교회사의 성찰과 전망』, 한국천주교중앙협의회,
  2000.

_____, 「황사영 백서와 그 이본의 연구」, 가톨릭대학교 석사학위
  논문, 1999.

_____, 「黃嗣永 帛書의 原本과 異本에 관한 연구」, 서강대학교 박사학위논문, 2006.

_____, 「황사영 백서의 이본 연구」, 『민족사와 교회사』, 한국교회사연구소, 2002.

_____, 「황사영 백서 이본에 대한 비교 연구」, 『한국교회사연구』 28, 한국교회사연구소, 2007.

원재연, 「황사영 백서의 인권론적 고찰」, 『법사학연구』 25, 한국법사학회, 2002.

이영춘, 「황사영 백서 사건에 관한 역사신학적 성찰」, 『황사영 백서의 종합적 연구』, 한국순교자현양위원회, 1998.

이원순, 「배론 황사영 토굴 소고」, 『교회와 역사』 149, 한국교회사연구소, 1987.

_____, 「黃嗣永帛書의 諸問題」, 『교회와 역사』 182, 한국교회사연구소, 1990.

이장우, 「黃嗣永과 朝鮮後期의 社會變化 :경기 북부 지역 敎會 史蹟의 기초적 검토 一例」, 『한국교회사연구』 31, 한국교회사연구소, 2008.

이정자, 「황사영 백서」, 『문헌과 해석』 33, 문헌과해석사, 2005.

전인수, 「황사영의 생애와 사상 연구 黃嗣永 帛書와 邪學罪人嗣永等推案을 중심으로」, 연세대학교 연합신학대학원 석사학위논문, 2003.

정두희, 「황사영 백서의 史料的 특성」, 『황사영 백서의 종합적 연구』, 한국순교자현양위원회, 1998.

_____, 「황사영 백서를 어떻게 볼 것인가」, 『신앙의 역사를 찾아서』, 바오로의딸, 1999.

정성한, 「황사영의 백서에 대한 연구: 보다 통전적인 역사해석을 위한 한 시론」,『장신논단』 33, 장신대학교, 2008.

조 광,「黃嗣永帛書의 社會思想的 背景」,『史叢』 21·22, 高麗大史學
    會, 1977.

_____,「황사영의 생애에 관한 연구」,『황사영 백서의 종합적 연구』,
    한국순교자현양위원회, 1998.

최완기,「황사영 백서 작성의 사상적 배경」,『황사영 백서의 종합적
    연구』, 한국순교자현양위원회, 1998.

하성래,「黃嗣永의 教會活動과 殉教에 대한 研究」,『한국교회사연
    구』 13, 한국교회사연구소, 1998.

허동현,「근·현대 학계의 황사영 백서관 연구」,『한국민족운동사연
    구』 28, 한국민족운동사학회, 2001.

현요한,「황사영과 정난주의 순교영성」, 광주가톨릭대학교 석사학
    위논문, 1997.

石井壽夫,「黃嗣永の帛書に就いて」,『歷史研究所』 10卷 1號/3號,
    1940.

小田省吾,「李朝の朋黨を略述して天主教迫害に及ぶ」,『青丘學叢』 1,
    1930.

領木信昭,「황사영 백서의 의의와 그 배경」,『부산교회사보』 17, 부
    산교회사연구소, 1998.

Pak, Do-sik(박도식), *Étude sur la missive d'Alexandre Hwang
    Sa-Yong*(黃嗣永帛書 研究), Doctoral Thesis, Paris:
    Université de Paris VII, 1999.

Rausch, Franklin, "Wicked Officials and Virtuous Martyrs: an
    analysis of the martyr biographies in Alexius Hwang
    Sayong's Silk Letter",『교회사연구』 32, 한국교회사연구
    소, 2009.

5. 기타

천주교 원주교구 배론 성지 http://www.baeron.or.kr/
한국의 성지 http://www.paxkorea.kr
『가톨릭대사전』
『백서帛書』